孤魂何處來
南石頭難民營研究及資料

吳軍捷　編著

中華書局

推薦序一

　　一個民族的強大需要兩個視野：一個是向未來展望，一個是向過去回溯。向未來展望，我們追求經濟、軍事、科技、工業、社會的進步。向過去回溯，是追溯我們民族一路走來的光榮和艱辛，並且從我們整個民族生活的經歷與得失成敗之中汲取智慧與教訓。

　　回溯之所以重要，因為這是教育的本源，尤其是人格教育、道德教育的本源。中華民族的復興還缺一味藥，這味藥就是當代中國人的愛國心，一份對國家民族的勇敢、忠誠和擔當。這一味藥，我們無法從科學和物質上得來，從這裏得來的只能是自信和自豪，沒有了這些物質條件以後，人可能變得自卑和放肆。這一味藥只能從深沉厚重的內在誠敬出發，在崇仰我們的聖賢豪傑，效法他們高尚的人格之中，在慎終追遠，對我們先祖同胞懷抱溫情敬意之中獲得。

　　同時，一個民族不能只知道光榮史，還要看自己的被侵略史，這樣國人才能時時有知恥之心和奮發之心。日軍 731 部隊在東北的人體生化實驗遺址在國家致力尋繹下，已經獲得大量資料佐證並設立莊嚴的紀念館。據悉 1942 年期間日軍 731 細菌部隊指導的 8604 細菌部隊在廣州南石頭難民營（今日廣

州市海珠區）也犯卜同樣重大罪行，目前史料搜尋工作正由廣
東省政府和有志學者積極推進。期間，香港抗戰歷史研究會孜
孜不倦在廣州和香港反覆考證，舉辦報告會、展覽會、研討會
逾二十場，派發宣傳小冊子二萬份，激起內地及香港民眾廣泛
迴響。

　　一個民族能否屹立於列強之林，能否受其他民族尊重，端
看這個民族對自己歷史有多少的珍惜和尊重。港區全國政協委
員們多番提案促請政府嚴肅求證，不欲這一段往跡被城市發展
所淹沒，其原因正在於此事考驗本民族對自己歷史的態度，此
實乃愛國教育、民族復興和人類命運共同體三者相扣之樞紐所
在。我有幸參與這項艱辛而責無旁貸的事業，謹此向當年為國
捐軀及慘死日軍鐵蹄之下的同胞致哀，並向所有曾為發掘南石
頭細菌戰史實付出心力的專家學者致敬。

凌友詩　謹序

全國政協委員

香港中文大學當代中國文化研究中心榮譽研究員

2020 年歲末

推薦序二

　　雖然日本侵略者戰敗投降距今已經將近 76 年了，但是仍然有大量的日本戰爭罪行等待着歷史的審判。香港抗戰爭歷史研究會會長吳軍捷先生以嚴肅認真的態度，不辭辛勞對日本侵略者在華南進行的細菌實驗進行了集中探索，不僅揭示了「南石頭事件」的來龍去脈，而且解開了戰時香港難民失蹤之謎。

　　透過這部書稿，可以看到探尋歷史真相是一件很不簡單，但是又極有價值的工作。經過日本侵華當事人的供認和中國內地專家學者的多年探尋，在已經認定香港難民被驅散至廣州南石頭難民營，並由華南細菌戰部隊日軍「波」字第 8604 部隊做活人細菌實驗的基礎上，吳會長又再出發，充分吸收前人研究成果，廣泛吸納口述訪談以及檔案、報刊、照片等史料，結合近期發現的日本文獻，梳理及破解「南石頭事件」這一鮮為人知歷史謎團的完整過程，層層剝筍，絲絲入扣，直到水落石出，真相大白，盡顯其執着的學術探索精神和求真求實的科學態度。我不禁為作者自我賦權，自覺承擔起豐富、完善香港抗日戰爭歷史的責任而感動，也感謝他既率領着讀者、學者重新返回一個個逐漸淡出人們視線的歷史現場，進行了一場學術探索之旅、發現之旅，賦予記述這段苦澀歷史的文字以新生命，

使生活在今天的人們銘記歷史，不忘過去，形成堅決反對戰爭，共同維護和平的共識。

我與吳會長做着相同的事情，可謂心有靈犀，不謀而合。近些年來，我和兩岸四地以及日本、美國的學者一道持續不斷地搜集、整理不同主題的有關抗戰歷史資料，開展相關研究。截止目前已經出版《長城與抗戰》等圖文資料集，發表《長城抗戰與二十九軍大刀神威再審視》、《長城抗戰的歷史記憶與群體認同》、《影像史學視域中的抗戰及其史學思考——以長城抗戰為例》等論文，並主辦了「長城抗戰暨抗戰勝利70周年」高層學術論壇，製作了電視專題片《山河記憶：長城抗戰》。我反覆閱讀書稿之後，一鼓作氣寫下這段文字，與吳會長共勉，願人類遠離戰爭，讓歷史照亮未來。

是為序。

侯杰　謹序
南開大學城市文化研究院副院長
中國社會史研究中心教授
2021 年 1 月 6 日於天津思念齋

自序

　　2015 年 11 到 12 月，香港抗戰歷史研究會在維多利亞海港旁舉辦了香港史上最大規模的抗日戰爭歷史文化展覽。一位廣州來的教授問我：「你知道抗戰期間，有數萬香港人在廣州南石頭被日軍用細菌武器殺害嗎？」隨即送給我一本書：《南石頭大屠殺》。2016 年初，我到廣州探訪廣東省政府研究中心剛退休的王利文副主任，在他家中，又見到了這位教授。原來他是華南理工大學博士導師譚元亨，再談起此事，引起我極大關注。之後，我到海珠區南石頭街道、區政協了解到更多情況；又在廣州青運史連莎主任引領下，拜訪了廣東省社科院沙東迅教授。沙教授自上世紀 90 年代開始，最先研究這個課題，隨後譚元亨教授率學生加入研究，他們展示的資料令我震驚。2016 年底我到北京，向國家博物館前副館長董琦、軍事博物館副館長向榮高報告了這件事，中國文物保護基金會同意成立專門機構調查研究這個專案。2017 年 2 月 22 日，原國家文化部副部長兼國家文物局局長勵小捷親率七名專家，從北京到廣州，一下飛機，馬上到海珠區南石頭現場考察，召集省、市文物局有關人員召開現場調查會，提出了對遺址調研、保護的具體意見。後來，我聯同海珠區政協委員對此專案作出提案，還在 2017 年、2018 年、2019

年遊說了二十多名港區全國政協委員在全國政協大會提案，督促政府有關部門對南石頭日軍細菌戰問題進行深入調查和保護遺址。我與王利文、譚元亨在廣州、哈爾濱、沈陽、常德、南京、上海和香港、台灣作了多次調研。幾年來，在香港各界朋友的幫助下，香港抗戰歷史研究會在香港教育大學、上環文娛中心、尖沙咀海旁舉辦過多次大型展覽；在香港歷史博物館、沙田大會堂、珠海書院，若干中學和社團舉辦過十多場報告會，派發宣傳冊《香港人不應忘記》、《小靈的呼號》兩萬多份，還在報刊上發表多篇文章，引發了香港、內地中央媒體、鳳凰衛視、美國電台等對南石頭慘案的多次報道。

今天，我身在香港，北望廣州，心中有一種悲傷。我悲傷，是 1942 年後，在南石頭難民營遭日軍細菌戰殘害的成千上萬香港難民，他們的苦難至今未被承認，他們的屍骸仍被深埋，除了當事的日本老兵和少數民間人士外，沒有人祭祀他們！我悲傷，是父親那一代的抗日戰士，多數已經凋零，他們不能強而有力地發聲：我們流血犧牲，為的是同胞免受苦難，不應忘記每一個！我一旦接觸了這個史實，就不能放下，魂牽夢繞，要為這無力呼喊、流蕩異鄉的萬千冤魂討個公道，這是一種對自己靈魂和良心的交代，或許就是初心吧。

日軍老兵丸山茂曾在南石頭跪拜數小時，懺悔了他的過去，也體現了他的高尚。侵華日軍 731 部隊罪證陳列館常有日本人前來拜祭懺悔，對歷史罪惡的反省及一刀兩斷，才是良知的復始，永不再戰的堅實基礎。

根據多年調查，我確信：按照日軍的整體戰略，在華南部署師團級的 8604 部隊，進行與 731 部隊規模相當的細菌武器

試驗和生產，在南石頭曾用細菌大規模殺人是不爭的事實。由於細菌戰當年是高度保密，留存資料極少，多年來對事件沒有大規模全面深入的調查，沒有對遺址的發掘，確實證據不足。731部隊的調查，由專人進行了二十多年，耗資數以千萬。8604部隊調查只靠民間，證據不足是必然的。但是又有誰能提出事實證據去推翻所有親歷者、村民，尤其是施害者對細菌戰的口述？去推翻日軍戰史和國民政府的檔案呢？

所有參加過南石頭難民營調查的人（包括現在説資料不夠的專家）都承認在此死難的人數高於731項目公佈的三千多人。如此大批的同胞死難，死因如何？珍惜生命，敬畏先人，是一切道德的基礎。對人間的苦難無感，愛心何來？又怎能指望在不測的禍患前，同舟共濟，共赴國難？

南石頭死難的粵港同胞們，你們被終止了本應美好的人生，毫無尊嚴地死去。你們不應該這樣卑微無助，默默地承受着孤獨、寂寞、淒冷，靈魂終日遊蕩。今天的陽光普照大地，國家強大無比，我們一定為你們建造一個安息之所，永遠守望着你們，因為，你們是中國人，是我們血脈相通的先人！

該片區目前是廣州地產熱點，聽任大批冤魂遊蕩，無人撫慰，有悖中國人文化傳統。唯有藉祭祀先輩教育後代，祈求天人安寧，國家永固，才是道義良心所在。建議根據現有紙廠片區的建設規劃，除保留經核定後不可移動文物外，在定出的3,000平方米文化用地上，依托遺址，穗港共建宗旨為「珍惜生命，延續文明」的「南石頭和平公園」。

其主要建築為：

一、「南石頭難民營（監獄）遺址紀念館」，內有原址模型

展示，有歷史圖片、文物等，設立題為「永不再戰」的祭祀場所。

二、「珍惜生命教育活動館」，宣揚以珍惜生命為最根本價值觀的知識；宣揚粵港本是同根生、國家興亡與個體命運息息相關之大義；建設粵港澳大灣區、宣揚中華文明，為當代青少年之使命。

三、華南首個「抗日戰爭文化博物館」，同時附設二戰文化中心，開展國際學術交流，研究二戰後的國際秩序。

四、創建互聯網全域平台，產出真正有創意的抗日影視文化作品，帶動周邊的文化創意產業。

相信這個陽光、面向未來的「南石頭和平公園」必定為周邊居民帶來正面的感觀，營造新時代的文化氛圍，提升該片區的檔次及旅遊價值。

此書的出版，感謝沙東迅、譚元亨兩位教授的傑出貢獻，感謝廣州海珠區政協、香港海珠區政協委員聯誼會、香港海珠各界協會、中原慈善基金會、新界社團聯會等的大力支持，感謝王利文研究員、龍子明、凌友詩等港區全國政協委員、葛珮帆立法會議員以及無數有心人士對我們工作的無私支持！感謝香港樹仁大學歷史系區志堅博士、中華書局（香港）有限公司學術出版分社同事的辛勞付出。人數太多，未能盡錄，在此衷心致謝！

謹以此書獻給一段不該湮滅的歷史，獻給我們血脈相連的苦難先人！

吳軍捷　謹識

2021 年 7 月 3 日

香港抗戰歷史研究會會長

目錄

第一章

導言

2020 年 9 月 1 日，為紀念中國人民抗日戰爭暨反法西斯戰爭勝利 75 周年，國家主席習近平發表重要講話，強調中國人民在抗日戰爭的壯闊進程中孕育出偉大抗戰精神，向世界展示了天下興亡、匹夫有責的愛國情懷。偉大抗戰精神，是中國人民彌足珍貴的精神財富，將永遠激勵我國人民克服一切艱難險阻，為實現中華民族偉大復興而奮鬥。[1] 2021 年也是香港被日本佔領 80 周年的重要日子。同時，抗日戰爭中除了軍人的犧牲外，亦有很多平民百姓葬身在戰火之下，甚至成為日軍細菌戰下的受害者。實施細菌戰乃屬違反國際法，在戰爭期間，日軍從細菌部隊的設置，人體實驗、細菌武器的生產，乃至在戰爭中使用武器，多是機密進行。至日軍戰敗後，中日檔案日漸披露，得見日軍不少細菌戰實驗場地的惡行，中日學者已成功研究及整理日軍 731 部隊細菌戰、人體實驗的史料。[2] 但在日佔時期，不少粵港澳人士被日人引誘前往廣州，在當地進行細菌實驗的南石頭難民收容所（以下簡稱「收容所」）[3] 及其史事，尚未多受學界關注。本書的編著，希望從保存文獻的角度，蒐集有關南石頭難民收容所的資料，敘事中即見其旨，藉羅列資料、說史事，讓後人能建基在這些材料上，進一步延伸研究南石頭難民收容所事件的研究。

依 Alexander B. Dones 在 *Targeting Civilians In War*（中譯：《戰爭中的平民》）一書，指出構成迫害平民的兩個要素：一、迫害平民是得到政府批准的軍事戰略，二、故意攻擊及殺害非戰鬥人員，或者可預見軍事行動會造成大量非戰鬥人員死亡。因為依《日內瓦公約》及正義戰爭理論明確規定的非戰鬥人員轄免和區別對待原則，這些要點為：嚴格要求在交戰國必須區

別對待戰鬥人員及非戰鬥人員，更要嚴禁攻擊非戰鬥人員；而迫害平民的常見形式，包括空中轟炸、海上轟炸、炮火攻擊平民或平民區，或以化學武器、生化武器及反步兵地雷，傷害平民或對平民區造成傷亡，也包括圍攻、海上封鎖或經濟制裁，使更多非戰鬥人員無法獲得食物、屠殺，強制遷移或集中關押，由此使大量人員死亡。此外，依政治學家 Benjamin Valentino 在 *Final Solutions: Mass Killing and Genocide in the Twentieth Century* 指出迫害平民的定義，不只是局限於「直接」屠殺，如處決、釋放毒氣及轟炸，也有飢餓、暴露及故意沒收、破壞或剝奪生活的必需品導致患病從而造成死亡。迫害平民還包括在強制及誘騙非戰鬥人員受不必要精神上及肉體上的傷害，以及在強制轉移或強制勞動過程中因飢餓、疲勞、暴露或疾病而造成的死亡。總之，非戰鬥人員就是不參加戰鬥、不帶武器，不在軍隊或安全保衛部門服役，不生產武器，不參與武裝衝突的人士。

　　Alexander B. Dones、Benjamin Valentino 等學者均指出交戰中迫害平民絕不合理，不只是造成大量生命損失，更給平民帶來戰後持續多年精神及肉體上的痛苦及創傷，學界應多研究戰爭傷害平民的課題。今天已有大量研究二戰時日軍侵略亞洲諸國及區域，對當地造成大量軍民死亡，及在中國進行細菌戰罪行。海內外學界已有很多研究日本 731 部隊細菌戰的成果，但是對其中一支日人在中國南方進行細菌戰的「波」字 8604 部隊（南支那防疫給水部），尚未有太多研究。[4] 今天已證實日佔時期廣州南石頭難民營（原名為「廣東省南石頭難民收容所」，故為方便行文，以下稱為「南石頭難民收容所」；依民間習慣又稱

為「南石頭難民營」），曾有平民被逼配合日軍進行細菌實驗。暫時從資料得見是被日方誘騙進入收容所的同胞，他們多來自香港、澳門及廣州一地的難民、平民，尚未見有國共軍人或遊擊隊員。被囚在難民營進行細菌實驗者，自是屬於戰爭下的平民身份，並合乎 Alexander B. Dones、Benjamin Valentino 及《日內瓦公約》表述戰火下「平民」的定義，也就是被迫害者是被「殺害非戰鬥人員」，更是非被「直接」屠殺，如處決、釋放毒氣及轟炸，也有飢餓、暴露及不自願地被進行「細菌實驗者」，或被「細菌實驗」致死亡者。更有學者，如譚元亨的《日軍細菌戰：黑色「波」字 8604》[5]，認為南石頭難民收容所的事件，就是「東方奧斯維辛」，即謂南石頭難民收容所事件，有如納粹德國時期在波蘭南部的奧斯威辛建立的集中營和滅絕營，又稱為「奧施維茨－比克瑙集中暨滅絕營」（德語：Konzentrationslager Auschwitz-Birkenau，波蘭語：Obóz Koncentracyjny Auschwitz-Birkenau；「奧施維茨」奧斯威辛的德語名稱）。二次大戰時，德軍在該地透過滅絕營，進行有系統地針對猶太人的大屠殺行動，現時研究成果估計約有 110 萬人（猶太人及其他國家人士）在奧斯維辛被殺。有學者認為在南石頭難民營死亡的人數與「奧施維茨」集中營被殺的平民數字或受害情況，有某種程度上的相似。現時已有學者郭成周、沙東迅、曹衛平、譚元亨等進行侵華日軍 8604 細菌部隊研究，然而仍可以更進一步深入研究日軍在南石頭難民營的惡行。[6]

現時依資料所見，1947 年民國政府於南石頭收容所化骨池掘出不少屍骸，並移葬於小北七星崗立下墳墓，其文字為「碑銜：此項餓斃難民骸骨係由南石頭懲戒場內遷葬於此以留紀

念。無名難民墳墓。廣州市政府。民國三十六年十月吉日」，當
時民國政府財務批發遷葬費用為 1,357,000 元。[7]

　　南石頭難民收容所之檢疫所的遺址，位於今天廣州南石頭
地區南石西路興隆大街 44 號對面，佔地約四百平方米，原為廣
州市公安局水上分局南河道派出所辦公用房，現管理使用單位
為廣州市公安局水上分局。2002 年，此建築以「粵海港檢疫所
舊址」名稱被公佈為廣州市登記保護文物單位；2012 年 8 月，
海珠區政府將其名稱確定為「侵華日軍華南防疫給水部遺址」，
而於 1995 年已在附近廣紙集團宿舍區內設立粵港難民紀念碑。
又於 2016 年，海珠區與廣紙集團出資把此地改造成約三百平方
米的綠化廣場，廣場由廣紙集團負責日常維護及管理。上世紀
五六十年代，廣州造紙廠建設廠房的時候，發現過一批骸骨，後
被分散葬至廣州增城、花都及惠州龍門等地。經調查，得見增城
小樓鎮秀水村已發現有骨殖的陶壇埋藏。乃至近日再見在廣州南
石頭地區尚有「萬人坑」、收容所圍牆、廚房、化骨池、所長住
宅、檢疫所、醫務人員食堂、宿舍等六處遺蹟，均已由廣州市海
上絲綢之路研究院譚元亨先生進行調查。國家、省、市、區各級
相關部門也關注及重視南石頭難民營之日軍侵華相關遺址的保護
工作，中國文物保護基金會理事長、原國家文化部副部長兼國家
文物局局長勵小捷先生，省文物局局長龍家友先生，廣州市委宣
傳部部長徐詠虹女士等，先後往現場進行調研，指導開展保護工
作。海珠區政府的 2017 年區文物保護專項資金更撥款委託多位
學者開展「南石頭慘案保護研究」項目。南石頭難民收容所遺址
所在的海珠區原摩托車廠及周邊企業廠區，於 2014 年 9 月 25 日
經市規劃委會審議通過重建規劃，2015 年 6 月 26 日經市政府批

准實施，曾委託華南理工大學建築歷史文化研究中心，開展了區內文化遺產線索普查工作。2018 年 9 月，南石頭摩托車廠舊廠房地進行拆遷，香港抗戰歷史研究會會長吳軍捷先生等認為此項工作，可能對相關史蹟造成破壞，[8] 廣州市即組織文物部門於 9 月 29 日、10 月 6 日，兩次前往現場進行查勘工作。廣州市人民政府辦公廳更在 2018 年 10 月確認了「南石頭地區相關抗戰遺址是粵、港青少年進行愛國主義教育的重要題材」，廣州市人民政府辦公室將「依託粵港難民紀念碑所在地已設立粵港難民公園，進行愛國主義宣傳教育展覽，以及組織社區紀念活動」。由此可見，廣州市政府也肯定廣州南石頭難民營事件及其對歷史教育的意義，故本書的編者參與南石頭難民營事件的文獻資料及遺蹟研究工作，進一步蒐集資料，充實研究。

再從現時已有口述歷史及文獻史料，可見日佔時期，日人軍政府確曾誘騙粵港人士往南石頭難民收容所。1931 年日人侵華，1937 年 7 月 7 日「盧溝橋事變」，中國軍民展開全面抗日戰爭，乃至 1938 年 10 月 12 日，日軍發動進攻華南地區，並於 10 月 21 日攻陷廣州。廣州淪陷後，很多人逃亡至香港，有些研究認為逃往香港的廣州難民有十至二十萬。[9] 廣州一地人民因戰亂而淪落為流浪者及乞丐，他們便成為南石頭難民收容所的最先來源。[10] 及後，於 1941 年 12 月 7 日，日軍偷襲美國珍珠港，爆發太平洋戰爭。同年 12 月，日軍與在香港的守軍激戰，終佔香港。日人佔領香港後，已考慮香港的人口眾多，會給日軍糧食負擔，也需加強兵力在香港維持治安。於是駐港的日軍進行暴力驅趕及利誘，於 1942 年 1 月，頒佈疏散港人的方案，並刻意製造糧食短缺，把居港人士驅趕離港，更揚言回鄉者可獲糧

食。同時間在廣州的日人政權也把廣州的流浪者、乞丐、衣衫襤褸者，均收容在「南石頭懲教場」。

　　依曹衞平、譚元亨考證，南石頭難民收容所前身為廣州懲戒場，此場地建成於 1912 年 6 月，運用河南南石頭西邊珠江白鵝潭（今天珠江）的舊鎮南炮台舊址改建，是一所監獄（可參見頁 75 的地圖）。於 1942 年初，因為港九難民返歸廣州市日多，便改為難民收容所。依曾在 8604 部隊的日軍士兵丸山茂證言稱南石頭難民收容所為「灘石頭難民收容所」，即為南石頭難民收容所，此地原址為位於珠江邊的南石頭村。再依譚元亨考證，二次大戰時，南石頭收容所就是在廣州南郊，珠江的彎曲部，此名稱為「南石頭難民收容所」，平民百姓也稱為「救命所」，如二次大戰時歐洲把「勞動之家」之「保護所」、「集中營」作為「死亡營」。[11] 更重要的是，因為太多人自香港遷往南石頭難民營收容所，但日人又不容他們離開，故日人以「檢疫」為名，把大量難民船停留在收容所附近的珠江海面，由是形成一所臨時「船上難民收容所」，由香港返廣州的市民便成為收容所的難民 —— 這就是一位曾任南石頭收容所的日軍丸山茂所言，「那些坐船回去的人就是在南石頭被捕的人」。當時派往管理收容所的日軍，就是「波」字第 8604 部隊，此部隊的前身是日軍第 21 野戰防疫部。1938 年 9 月 7 日，第 21 野戰防疫部於日本大阪市組成，後於廣東登陸，旋於 10 月抵廣州中山大學醫院（下稱「中山醫」）。譚元亨指出於 1939 年初，第 21 野戰防疫部改稱為「波」字第 8604 部隊，對外稱為「給水部」。「波」字第 8604 部隊表面上是為日軍進行防疫給水工作，實際上卻是進行細菌培養實驗、病體解剖及實施細菌戰的研究。試驗場就在收

容所，日軍使用沙門氏菌、傷寒菌等，放入所內難民的食物，或進行液體注射及藉帶菌蚊蟲、跳蚤、老鼠等，將病毒傳播給難民。1945 年 6 月，「波」字第 8604 部隊在中山大學醫院內的五棟老鼠飼養舍和培養鼠疫、跳蚤的設施被美軍戰機炸毀，1945 年 8 月日本戰敗投降，「波」字第 8604 部隊亦撤回日本。[12] 既因院舍被炸，及「波」字第 8604 部隊返回日本，未能留下較多記錄；而日人回日本後，多不會提及難民收容所的事情，由是此事多未為中外學者所聞。

1993 年，日本老兵丸山茂撰寫〈不管甚麼名義，走向戰爭都是罪惡〉一文，指出「波」字第 8604 部隊由隊長佐藤俊二指揮，的場守喜、清水清等具體進行。的場守喜接到隊長的命令，宣誓絕不對外公開詳情。[13] 的場守喜於 1938 年入伍，與丸山茂為戰友，也是同一科細菌檢索班的同事。丸山曾帶一名軍屬、一名士兵往灘石頭調查瘧疾，在此地見到從香港作戰回廣州的日軍的場守喜；而丸山的工作是採集蚊子並飼養。有一次丸山往收容所難民的瘧疾血檢時，的場提醒丸山要小心，不要在收容所吃東西，用到的所有器材也要消毒，的場更說收容所難民太多，軍方命令以細菌殺害難民。的場守喜先在難民的四個飲用水井內投下傷寒菌、副傷寒菌，但因難民不喝未經燒熱的水，也不吃未烹煮的食物，故沒有感染病毒。及後，的場將沙門氏菌放進食物中，難民所內人士因而互相感染；其後甚至把沙門氏菌放在熱湯內，終致大量難民死亡。因為死亡人數甚多，遂在收容所附近地方埋葬，或送進難民所言的「化骨池」，後來則運到鄧崗斜萬人坑作重疊埋葬。

1994 年，最早指出丸山茂證言屠殺所在地的「灘石頭」即

「南石頭」的前廣州市副市長、防疫專家、德國醫學博士陳安良，他曾任廣州防疫辦主任，當年在韶關遭遇過日軍細菌戰。陳氏認為萬人坑中，日軍所稱「E式掩埋法」，就是以薄土蓋上屍體任其自然腐爛，這樣比暴露在外、屍臭瀰漫較佳。在廣州這樣多雨的亞熱帶地區，屍體的化解時間大致需時半個月，及後，埋人的長坑便會坍塌下去，便又可以有空間再處理一批新的屍體了。陳氏又說，一般屍體腐爛速度，若放置戶外，有七八天左右，掩上薄土，則要近二十天，而在華南濕熱狀態下，時間還會縮短（參見譚元亨訪問陳安良）。針對當時發現屍骨的情況，僅兩米深就有三層，底下則不知多少，如果以 100 米長 50 米寬計算，就達五千平方米，屍體填有至少兩米深。中國人的身高，尤其是南方人，大約 1.6 米上下，一次全覆蓋，就不會低於兩萬具屍體，三層粗略估計也就六萬人了──但顯然不止三層，也不止這個數。陳安良告知，戰時也沒有了解過日軍在廣州實施細菌戰的事，只知道在浙江衢州、湖南常德、粵北都有相關記錄。1942 年他在中國軍政部軍醫署第八防疫大隊工作，發現日本飛機曾撒放麥粒到粵北翁源一帶，麥粒中帶有跳蚤；另外在廉江、廣州灣（今天湛江）一帶，也經常發現有鼠疫病流行。

　　另外，從口述歷史文獻中，已見收容所的情況。不只是附近的村民，僥倖逃出的倖存者，也有死者親屬，證明收容所已有民間所言「化骨池」。蕭錚（1932 年出生）在日佔時大約八九歲左右，他提及化骨池的景況，是一層死屍一層白灰，死的人堆積如山，死屍發臭後，就連附近村莊都能聞到氣味。來巡視的偽軍官聞到臭味亦忍不住嘔吐，因而下令不准把死屍放在這裏。其後收容所就轉而把死屍搬到現在紙廠醫務所後面，

挖了一整排大坑來埋，那時蕭氏的父親曾參與抬死屍工作。[14]

另一位倖存者何金談及，他父親在 1941 年被日本人拉入難民所，他們去找父親，但有人告訴她們父親已死了，被扔進化骨池。何氏兩姐妹想把屍體搬回來，就去化骨池找父親的屍體。她當時站在石級上叫人去翻屍體，翻到第六個才找到：「化骨池有兩個，四四方方，很大，有一間屋子那麼大。」[15]

在廣州市檔案有一份關於民國三十六年（1947 年），即抗戰勝利之後第二年關於遷葬南石頭難民骸骨的廣州市政府的卷宗，內中包括廣州市衛生局呈的報告、批覆，以及穗會一字第 1048 號審計、費用開支（衛生局掩埋隊臨時費支付檔卷，支付預算四份）、估價表一份、圖表一張。報告是給當時的廣州市長歐陽駒，寫報告的是衛生局長朱廣陶。掩埋隊隊長為張楚材，費用項目為「僱工二十名」2 萬元，「石碑」30 萬元，「碑基立碑工料費」55 萬元，還有口罩、消毒水、草繩等等，共計 1,357,000 元。

報告原文摘錄如下：[16]

南石頭懲戒場內於本市淪陷時被敵偽拘禁難民，因飢餓斃命者甚眾，現存白骨累累，念此無依情殊可憫，抑且有礙衛生，乞賜轉飭衛生局擇地遷葬，豎碑為記，以慰亡魂等情；當經轉飭所屬掩埋隊從速辦理，現據該隊衛掩字第六號呈節稱：職當經本月十六日親赴指定地點切定查勘該聲原日設有大水池兩個，高寬方形約為八九尺之譜，敵偽時期，將該池加高牆壁砌作收容難民屍體之用，現池內確有難民骸骨數百具之多，茲擇定小北外七星崗以作遷葬地點。

市檔案館還提供了立碑的照片，碑文為：

碑銜

此項餓斃難民骸骨係由南石頭懲戒場內遷葬於此以留紀念。

無名難民墳墓

廣州市政府

民國三十六年十月吉日立

報告證實南石頭村民所言，兩個「化骨池」，一半在地下，一半在地面上，是在原池四周砌圍牆而成的。至 1947 年，未化掉的骸骨還有數百具之多。當年的何金就是先拾級上牆之後，再下去在死人堆中翻找她的父親屍體。

十年後，此地已組建成廣州自行車廠，此時已距日本投降有十二三年。參與組成自行車廠的成員，後來曾出任自行車廠廠長的梁佳元，於 2017 年 12 月 21 日上午在家中接受

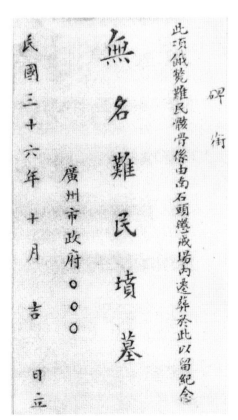

無名難民墳墓

譚元亨、《廣州日報》記者楊逸男等採訪時證實，在拆毀原難民所圍牆之際，每拆一段就有一個坑，坑裏有很多人類碎骨，大一點的應是脛骨。昔日原難民收容所則成為宿舍，改造時，一不小心就會翻出人骨來。直至 1970 年重修，仍然在地下翻出不少人骨。

依譚元亨的訪問，鍾瑞榮生於 1928 年，14 歲那年香港難民大規模進入南石頭。他是住在難民收容所附近的居民，就在南石西，他四肢靈活，故被抓了進收容所後，牆也許不算太高，卻有鐵絲網，他還能翻牆逃出來。他提及收容難所是「有進無出」，被抓進去的人必死在收容所。鍾瑞榮表述：日軍為能處理更多屍體，就在現南石頭派出所及南箕路一帶掘地葬屍，每天都有大批屍體由難民所抬出埋葬。日軍僱人挖開一道深溝，屍體填滿後，就在旁邊再掘另一道深溝，新泥土就用作覆蓋前面的屍體。如此，埋屍的深溝就一道道延伸開去，直到第一道溝裏的屍體化解，塌陷下去，就能再鋪上另一層屍體。鍾氏認為，當時被這樣埋葬的屍體，起碼超過十萬具。

丸山茂這位日本老兵的證詞則是：用沙門氏菌這個方法還是成功了——當晚就出現患者。因死亡率很高，死者不斷出現，死者由偽省政府負責埋葬，採取就地埋葬方式，在屍體上不斷重疊放上新來的屍體。然而到最後，連掩蓋屍體的土也不夠了。[17]

蕭錚不是被抓進去的，而是受該所職員、一位姓陶的幹事建議而進入。1941 年末至 1942 年初，寒冬臘月，蕭氏一家人又凍又餓，無法度日。陶幹事說與蕭氏同為廣東人，日本人不會對他們怎樣，可以進收容所喝點粥、弄點飯，白天進去，晚上出來，而守門的人與陶氏相識可以自由出入。父親蕭秋也算是

譚元亨教授（右）正採訪鍾瑞榮先生（左）。
（圖片來源：譚元亨）

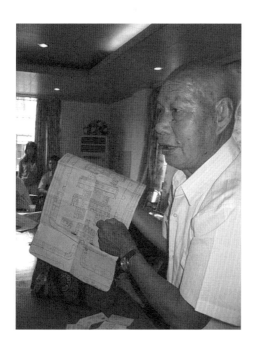

蕭錚手執自繪的難民營地
圖控訴日軍暴行。
（圖片來源：譚元亨）

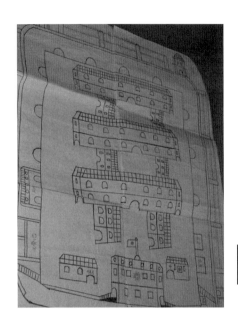

上圖為蕭錚根據回憶手繪出的當年粵港難民營的地圖。（圖片來源：譚元亨）

蕭錚背後就是當年粵港難民登陸的港口，現在成為珠江航道（圖片來源：譚元亨）

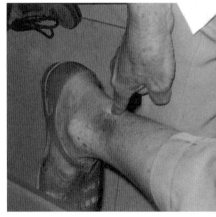

蕭錚左腳踝曾做細菌試驗，現留下的傷疤（圖片來源：譚元亨）

收容所僱用的民工，與另五個人一同負責把收容所裏的死人抬出去。有了這層關係，蕭氏便可以自由出入收容所。然而與蕭錚一同進去的弟弟（七歲），進去喝了幾次粥後，不久就渾身發冷，撐幾天便死了。蕭錚也不知是得了甚麼病，除發冷發熱外，還開始爛腳，但尚可以撐過來。在受譚元亨採訪時，他還捋起褲腿，把當年爛腳留下的疤痕給譚氏及記者們看。後來才知道與蕭氏一樣爛腳的，不僅是收容所內才有的病況，外邊的也有，依蕭氏及譚元亨所言此症狀應是炭疽菌的後遺症。[18]

　　另一位被譚元亨訪問及進行過錄影、錄音的人士是馮奇，又名馮慶章，大約六七歲左右進入南石頭收容所時，香港難民還沒到來，所以馮奇是最早一批抓進來的苦工。馮氏是在廣州街頭討飯的小乞丐，在街上被抓進收容所的。1938 年 10 月，日軍進入了廣州，進行治安整肅，身為孤兒的馮奇，不止一次被抓，抓了又跑，再被日軍抓回。馮氏雖很早進入收容所，但他算是僥倖，最終能逃出收容所。馮氏於廣州在遭受大轟炸並被日軍佔領之後，他「成了無家可歸的流浪兒」。自 1938 年 10 月廣州淪陷之日，他便在街頭乞討。在街頭流浪有大約一年時間，1939 年的 8、9 月間，一個漆黑的夜晚，街上手電筒光亂晃，原來那是日本士兵與便衣隊在搜查，他與不少流浪者被抓了起來。馮奇記得被抓的地點是在西關的第十甫，被扔上車後，發現車上已擠滿了人，都是衣衫襤褸、無家可歸的城市難民。就這樣，一車人開過了珠江，抵達了南石頭。從此，他與南石頭難民收容所分不開了。那時，關在收容所內，每天只能分到兩殼（粵語，即小瓢）味粥。所謂「味粥」，便是放了少許鹽的稀粥。收容所內陸續有人死去，馮氏及友人都認為是餓死或病死的，死了的抬出去，又

有人填補進來。可到後來，進來的人多了，收容民所內人滿為患，於是，馮奇第一次在收容所呆了不到一年，便被「清理」了出來，這批被清理的大約有二千人左右，就近送到了船上，順流而下，再橫渡珠江口，送到了東莞的厚街鎮。到了厚街，男女分開關押，男的關在一座學宮內，女的則關在附近的祠堂裏，沒有粥喝，每天發的是兩三斤番薯。不久，又要轉移，說的是去開荒，下午出發，押着走了幾十里地，天黑了，8、9點鐘，槍響了，隊伍後邊不知死了多少人。馮奇走在前面，槍一響，隊伍大亂，他算是醒目，拔腿就往山上跑。同他一齊跑的，也跑脫了不少。顯然，這是最早解決收容所的人滿為患的一種方式。逃脫半年之後，馮奇一路乞討，直到 1941 年春節，他終於靠討飯又回到了所熟悉的廣州。然而，在廣州沒幾天，他又一次被便衣隊抓去，送到了才離開不久的南石頭難民收容所，再度成為南石頭難民所的難友。[19] 及後，被日軍「選中」了成為收容所中外出的勞工，每天外出，在附近開墾種地 —— 南石頭位處郊外，荒丘野

佛山市退休幹部馮奇。（圖片來源：譚元亨）

嶺，亂草叢生。

　　馮奇更述及當收容所死亡的人士不斷增加，開始每天有十幾人，後來幾十人，直到香港難民來後，更激增到一二百人。遇上惡劣天氣，暴風雨等，死亡者每天可達好幾百人。馮奇憑藉少年的記憶，雖然已過古稀之年，仍能背誦得出當年在南石頭難民收容所中流行的打油詩：

> 籠中鳥，難高飛，不食味粥肚又飢。
> 肚痛必屙無藥止，一定死落化骨池。[20]

　　雖然難民們並不知道日本侵略者早已在味粥中投入沙門氏菌，但已見難民們對食物的恐懼與無奈，都集中反映在這 27 個字當中了。馮奇一次又一次逃過了生死之劫。由於要種田、挑水、送菜，機靈乖巧的馮奇抓住了機會與難民所附近的農民混熟了。一位叫鍾元的當地農民出面做了擔保，與同為廣東人的收容所管理人員疏通關係，馮奇冒充做勤雜的行政人員逃離。到 1945 年 9 月，日本投降，14 年艱苦卓絕的抗日戰爭終於贏得了勝利。不久，馮奇的大哥、舅父，在廣州報紙上發了尋人啟示，馮奇終於找到了親人。

　　此外，蕭錚也談及在 1938 年 10 月，日軍攻入廣州後，有近一年的時間，即 1938 年底至 1939 年 10 月左右，南石頭懲教場裏是空的，原來的人早已跑空了。日軍來了之後，1939 年開始用大的葵樹葉，還有竹子，給已破敝的囚房補上了屋頂。這些用來關押人們的樓房大多為兩層樓，國民政府時期是用來關犯人的，本來就是監倉。修補屋頂後，這些樓房便能用來關人

了。就近的廣州造紙廠也被日軍佔領，原先從德國購進的造紙機器，全部被運往了日本。收容所都拉了有電的鐵絲網，難民翻牆逃跑時被電死的不在少數。葵樹葉與竹子蓋的屋頂，遇上暴風雨就會被掀開，甚至刮走；但平日同樣擋不了風、遮不了雨。監倉裏通風與衛生狀況極差，無法清理，只怕比豬圈、牛柵也不如。一旦遇上嚴寒、酷暑，關在裏邊，也是生不如死。暴風雨來了，人更是受不了。因此，這些天氣的死亡率就更高了，一日甚至有好幾百人死亡。身體再好，頂住了病毒，也未必頂住惡劣的天氣。蕭錚再補充裏面的慘狀，有被餵蚊子吸血的、被割肉、切去手指的、被挑手筋與腳筋的，無論年輕人還是小孩子，都成了日軍「實驗品」，挑肚皮亦是其中一種酷刑。逃跑的人更會遭到狼狗撕咬，被狼狗撕咬得血肉模糊的不計其數。屍體在化骨池化完之後的殘渣丟到哪裏？不是丟在珠江，就是用汽車運走，海（江）面全是船，密密麻麻的蓋滿了；紙廠派出所一直到醫務所一帶都是埋死屍的。香港回來的難民不讓自由活動，後來大部分香港難民都死了。收容所內根本就不夠位置，人多的時候晚上連睡的地方都沒有。原本一日有十多人死去，還可以用擔架運出去。後來死的人越來越多，就只能用「豬籠車」運走，蕭錚更說「那些被抓去試驗的難民基本上都死掉了」。[21]

　　1995 年，日本老兵丸山茂重返中山醫，予以指證：當時他是廣州「波」字第 8604 部隊第一課的細菌檢驗班伍長，部隊對外稱是華南防疫給水部，而部隊長是佐藤俊二（時為大佐，後升為少將）。該機構較為龐大，是配屬 1,200 多人的師團級單位。本部下設六個課，其中專業人員 100 人（根據內山武彥的

戰地日記，不包括醫院的人數），總務課是後勤保障，人事、財務管理部門由熊龠少佐任課長。丸山茂到了中山醫的圖書館，便馬上指證：第一課，是細菌研究課，由溝口軍醫少佐任課長，本課下設庶務班、研究班；另有檢索班（主任：佐藤大尉）、培地班、消毒班和動物班，共約八十人，其中軍官十人，中國勞工七人。第二課，從事防疫給水研究，江口衛生少佐任課長。第三課，從事各種傳染病治療的研究工作，由江口軍醫少佐任課長。第四課，從事鼠疫培養和病體解剖，渡邊軍醫中佐任課長。第四課的處所是用鐵絲網圈起來的，禁止與外部人員的一切交往。食住等一切生活都在裏面進行，感覺很可怕！只有晚上點燈時才能看到裏面一些情況，棚子裏擠滿了油缸，譚元亨認為是飼養攜帶鼠疫菌的跳蚤用。第五課，是器材供應部門，已忘記科長是誰了。這支細菌部隊的主要成員，均為醫務人員，不少是醫科大學畢業的，為首的佐藤俊二還是醫學博士。沒有比用一所現成的醫學院更理所當然的了，裏面一切設備均可以利用；而醫學院的格局，可以以醫學實驗之名把所有罪行掩飾下來。不少倖存者對中山醫內部的情況一無所知，只看見穿白大褂的日本軍醫進進出出，具體幹甚麼則一無所知。這個地方，在 1995 年丸山茂來後不久，便加上了文物標牌：

廣州文物保護單位：侵華日軍細菌戰廣州大本營舊址
這裏主要是培育鼠疫跳蚤，戰爭後期一度高達 50 萬隻白老鼠。
香港淪陷前，已向粵西、粵北、陽江及外省大量投放。
分工：南石頭
南石頭與中山醫，各自有不同的分工。

中山醫搜集了大量的活老鼠，培育鼠疫跳蚤。
南石頭則專門搜集蚊蟲，把人關進密室讓蚊蟲叮咬，傳播的是
沙門氏菌等。難民說的是「餵蚊子」。

　　南石頭的居民吳泰偉也作證說：他是南石頭村農民，世居在此，年 68 歲，一向以種水稻、蔬菜為生。日軍侵佔廣州時他已十幾歲，見到和聽到一些事情。如日軍佔領廣州後，把懲教場改為難民收容所，男女老少都有，人數很多；日軍不讓難民進入廣州市區，大門口有衛兵守衛，不讓難民隨便出入，也不准外人進入。難民的生活很苦，每日只有兩三兩米，年輕的還要種菜、種水稻等。難民餓死、病死的人甚多，起初日軍把難民的屍體集中到兩大坑裏，想用硫酸之類的藥水化掉這些屍體，但沒有成功。屍體的氣味非常濃烈，大風一吹過，就會聞到一股腐臭難聞的氣味，晚上還會見到磷光。吳氏還記得日軍佔領廣州後第四年（1942 年），曾親眼見到日本兵在稻田中用紗布袋撈孑孓蟲（蚊子的幼蟲），又找人餵蚊子，然後抽蚊血來做試驗。吳氏的姐夫被日軍捉入檢疫所餵蚊，隨後得病，三年後病死。當時南石頭村死了不少人，拆了六成的屋，生活很艱難。[22]

　　至於前期收容所內進行人體受病菌感染的試驗，依派駐難民所的日本兵的場守喜證言，由於香港來的難民太多，收容所內人滿為患，南水部命令用細菌殺死他們。很不幸，任務落到了的場守喜身上。的場守喜直接聽取部隊長佐藤俊二的口頭命令，並發誓不把事情對外張揚，小心完成任務。他首先在收容所內的四個水井投放了傷寒菌、副傷寒菌，但由於難民不喝未

經煮沸的水，也不吃沒煮過、沒炒過的食物，這一計劃沒有成功，只好另謀方法。主持「波」字 8604 的部隊長佐藤俊二為醫學博士，他見難民不喝井水，於是便作出了進一步的決定。的場守喜稱部隊長下令派飛機去軍醫學校取得腸炎沙門氏菌（副傷寒菌），打算把它們投放到難民飲用的湯水中，具體由的場守喜指導執行。的場守喜選在（偽）省政府職員上班前的早餐時間，把細菌放入湯水桶，難民進食後有不少人因而染病。[23]

至於收容所內死亡率的情況，也見的場守喜證言。的場守喜指出下藥當晚就出現患者——腸炎沙門氏菌患者的死亡率很高。死亡者不斷出現，死者由（偽廣東省）省政府負責埋葬，採取就地埋葬的方式，並在先埋屍體上不斷重疊放上新來的屍體。但到最後，連掩蓋屍體的土也不夠。[24]

原廣州造紙廠的老職工曹惠英，記錄了收容所的情況，曹氏是 1952 年至 1953 年間在造紙廠基建辦工作。她指其時在建造「職工家屬住宅工程」的施工現場，曾見到平整土地的過程中，土方工人挖掘出無主屍骨（絕大部分無棺木裝載，直接埋在土壤中，細骨也已粉碎，只有脛骨及顱骨頭骨仍然成型）。挖土工人會集中堆放屍骨，由遷墳工作人員按日清理。她追憶掘出最多屍骨的地點，是現在的南箕路東西兩側，其中以現在的南石頭街辦事處及公安派出所的地段為最多；就她局部所見，已不少於三四百個骷髏頭骨，令人寒心。這些骸骨據當地農民說是日軍佔領時期，由南石頭懲教場搬運到來，挖了大坑掩埋的。這是 20 世紀 50 年代的發現。[25]

到了 80 年代，廣州紙廠進行基建時又有了新的發現。時任廣州紙廠基建辦主任沈時盛在記者採訪時表示，在 1982 年以後

在南箕路地段建職工宿舍期間（即拆舊平房建新樓房），挖地基時發現共三至四批屍骨，每批約一百至一百多副不等，當時多數挖到一米多深，就會發現成堆屍骨，一層一層的，雜亂無章。後來，還是紙廠出錢請民工把屍骨運到廣州太和和增城臘埔的山區安放。[26]

　　此外，編者在 2019 年 6 月 9 日，因常德湖南文理學院的日軍華南細菌戰研究中心進行「中國南方地區侵華日軍細菌戰研究」，應學院的邀請進行合作研究，學院所在地為常德，即著名的「常德戰役」發生的地點。與相關學者交流中，既得知日軍在是次戰役對人使用細菌武器，更重要的是研究團隊查找出多篇與廣東、海南相關的日軍作為「研究成果」的論文，有日陸軍大尉丘村弘造（原「波」字 8404 部隊成員）的 60 頁論文〈廣東華人霍亂患者之調查研究〉，由中佐渡邊建、栗田吉榮所撰〈急性霍亂死亡及戰地霍亂症狀〉，以及曾在《大東亞戰爭陸軍衛生史》上專章論述粵港細菌戰的江口豐潔，有關東莞虎門竹溪鄉防疫報告手稿影本以及多篇論文；丘村弘造的論文直接談及一批批香港難民被送入「省立傳染病院」進行實驗。論文涉及的時間段，為昭和十七年 1 月至 12 月，即 1942 年，日軍侵佔香港並大規模遣送香港難民至廣州的第一年。文件記錄日軍為了減少糧食儲存帶來的壓力，準備把 170 萬香港居民壓縮到五六十萬。第一年首幾個月，已令香港減員 46 萬多人。據報載，其中 70% 送到番禺市橋，到市橋後繼續溯水到南石頭的，又有 70%，數量驚人。由於時間、遣送對象都十分明確，尤其是所描繪的香港難民的情狀：處於飢餓狀態、營養不良、上嘔下瀉等等，此與研究團隊早前查明的被攔截在南石頭，並

被分流至收容所與檢疫所之香港難民情狀十分相近。丘村弘造論文更稱，此雖是第一次香港難民往廣州，卻把霍亂帶進廣東（州）；也有談及至少 1,939 名香港難民是於 1942 年 1 月至 12 月送進文中所稱日偽「省立傳染病院」。「省立傳染病院」是個傳染病院，位處廣州市的河南，「河南」是老百姓的習慣稱呼，即現時的海珠區。再經研究團隊查找了廣東省衛生志、廣州市衛生志等資料後，又翻閱日偽時期的醫院記載，均沒有這個「省立傳染病院」的名稱；而進一步結合日本老兵丸山茂於 1995 年 11 月來南石頭指證，認定了細菌戰遺址及難民所所長樓和尚遺留地下部分的「化骨池」。一位曾給《羊城晚報》寫信、署名「梁生」（後經當年與他一同種菜的 93 歲老人鍾大眼證實，其姓名為梁明）的人士，他在信中提到，由水路入廣州的難民船全部停泊在南石頭海港檢疫所河面，約有七八百船難民。日軍荷槍實彈、上刺刀，一批批把難民押到檢疫所的空地，不論男女老少都要脫下褲子，光着屁股朝天，有七八個穿白大褂的人，手中拿着一個東西探入每個人的肛門內。經檢疫、難民大部分押去稍南邊的南石頭難民所，小部分則押進了檢疫所的隔離室，這就是門廊頂上可看到日文的兩層樓房。梁明信中提到，檢疫所這裏，有「下所」與「上所」之分，下所無疑是這江邊的隔離室。在上所二樓的牆面上，至今仍可以看得出一個褪色的紅十字，住在這裏的居民稱，這棟樓一直被叫作「日軍醫院」，當年有不少穿大褂的日本軍醫進出，附近還有類似廚房的兩棟平房。不遠處本來有一個焚化爐，早已推平。但僅這棟樓房及平房，其規模顯然不足成為「傳染病院」。過去，則一直視為海港檢疫所部分，或為日本軍醫的住所。[27]

　　從丘村宏造的 60 頁論文上看，被送進傳染病院的香港難民，僅有記錄的就有近二千人，有的在病院中生存了達一兩個月。「上所」如此小的地方，不可能容納這麼多陸續送來的人住下；有紅十字標誌的樓房，不可能是作為病房使用，但可以認定為「日軍醫院」。另外也有染病的日本兵就近焚化，倖存者指證的焚化爐就在這裏不遠。據史載，日方依其傳統方式，士兵染病後死亡的，均採取這一方式處理。為找到「省立傳染病院」，譚元亨通過 90 年代訪問過的紙廠工會干部郭建平了解到，50 年代，紙廠曾經有一座職工療養院在珠江邊上。因為華南理工大學存有紙廠的航拍圖片，推斷這個療養院離「上所」很近。譚元亨約請郭建平，帶上了六位學生前往南石頭，他們是陳雨楨、唐茹粵、楊曉鑫、凌小婕、何璐言、戴睿敏與香港中文大學的李繼忠。當天，編者與王利文、譚元亨在南石頭街道所認識的一位老街坊吳建華先生還約請了一批倖存者的後人，包括吳偉泰的兒子、女兒等，在江邊座談後，再一次到了實地考察。郭建平、吳建華都認為，「上所」往北約二百米左右，向江邊方向左拐，夾在新建九層居民樓與今日自行車廠的職工宿舍「鴛鴦樓」中間的二排近 20 間病房加雜屋的平房，是仍舊遺存下來的「傳染病院」病房，而這之外的其他當年建築，則已經不存在了。經考證，丘村宏造所提及的「省立傳染病院」，離南石頭難民所的距離，近一里地方，往北為檢疫所、「日本橋（碼頭）」的臨江地帶。12 月 21 日，譚元亨與廣州大學陳艷莉三位師生，對此做了測繪，同時，又發現原臨江的地方，每相隔 2.6 米，就有一個當年吊腳樓支柱留下來的鐵片封住的殘記。依譚氏研究，香港難民在南石頭碼頭上岸後被「分

流」，懷疑患病者送去的地方，便是這個「傳染病院」。[28] 僅依報告記錄，其進行的「實驗」達十項內容，血液、胃液、尿、糞便等，都有多項統計，光胃液檢驗的成果就達 13 項，還有眼、耳、喉部的檢測；也有記載不同年齡的病患者，性別、氣溫不同時的死亡率，症狀、併發症、飢餓狀態等等。丘村弘造的報告，雖只是記錄 1942 年的實驗成果，但結合丸山茂證言，已指稱為香港難民把霍亂帶到廣東的，是「波」字 8604 部隊長佐藤俊二。他下令從東京陸軍醫院帶來高效率的霍亂菌，投入到收容所的食物，造成難民大規模死亡的，這個離收容所不及一里遠的「省立傳染病院」，只是其中一處做實驗的地方。[29]

總而言之，日人在廣州南石頭難民收容所進行細菌實驗，確有文獻及口述訪問的證據，戰後的國民政府及 1949 年後的中華人民共和國政府也承認日軍在南石頭難民收容所的惡行。然而，現時尚未有太多學者研究此事。當然，此與戰後日人仍未全面承認侵略中國的事實甚有關係。若比較德國人全面反省及承認侵略歐洲的態度，可見戰後日本及德國面對承擔戰爭的責任，二者相異。故是次編著者希望藉本書蒐集的資料，推動這段日佔時期粵港關係的研究，也得見日軍在廣東地區進行戰爭迫害平民的惡行。另希望藉研究廣州南石頭難民收容所事件，加強愛國教育，總結戰爭慘痛教訓，承認歷史事實，檢討過去戰爭錯誤，各方面都為促進人類和平而努力。

注釋

1 有關國家主席習近平先生的觀點，見〈習近平：在新時代繼承弘揚抗戰精神〉，《文匯報》，2020 年 9 月 4 日，頁 A4。另參劉智鵬、劉蜀永：〈永遠銘記抗戰歲月的香港英烈 —— 列入國家級紀念名錄的香港抗戰英烈和紀念設施〉，《紫荊》，2020 年 10 號，頁 80−86。

2 Sheldon H. Harris, *Factories of Death- Japanese Biological Warfarem, 1932-45 and the American Cover Up* (New York: Routledge, 1994), pp.112-128.

3 本文有關南石頭難民收容所的之稱，參自日本老兵丸山山茂的證言，詳見丸山茂：〈不管甚麼名義，走向戰爭都是罪惡〉，轉引自郭成周等：《侵華日軍細菌戰紀實 —— 歷史上被隱瞞的篇章》（北京：燕山出版社，1997）頁 406−408；又見丸山茂著，沙東迅、易雪顏譯：〈侵華日軍在粵進行細菌戰 屠殺香港難民的證言〉，《廣州都市人》（1995 年 1 月號）；近人文獻，可參沙東迅：〈日軍「波」字 8604 部隊在粵的細菌戰活動〉，《湖南文理學院學報（社會科學版）》，第 31 卷第 6 期（2006），頁 13−17、41 等，均用此稱。

4 松村高夫：〈關於細菌戰調查研究工作的回顧〉，載解學詩、松村高夫等著：《戰爭與惡疫 —— 日軍對華細菌戰》（北京：人民出版社，2014），頁 267−283。

5 譚元亨：《日軍細菌戰：黑色「波」字 8604》（廣州：南方日報出版社，2005）。

6 沙東迅：《揭開「8604」之謎 —— 侵華日軍在粵秘密進行細菌戰大曝光》（北京：中國文史出版社，2005），頁 1−9。

7 見〈碑銜〉，原文轉載自《廣州人更不應忘記 鐵證如山：南石頭大屠殺圖冊》（缺出版地點：粵港南石頭慘案調研組、香港抗戰歷史研究會，2017），頁 37。

8 〈廣州市文物局關於做好南石頭日軍侵華遺址保護工作的函〉（廣州：廣州市文物局，2018）。

9 見譚元亨等：〈被歷史忽略的罪惡 —— 對佐藤俊二華南地區細菌戰罪行的新探究〉，《武陵學刊》，第 3 期（2013），頁 73−78。

10 見曹衛平：《侵華日軍 —— 廣州 8604 細菌部隊研究》（北京：中國社會科學出版社，2018），頁 84−85。

11 同上，頁 94。

12 伊恩·布魯瑪著，倪韜譯：《罪孽的報應：德國和日本的戰爭記憶》（桂林：廣西師範大學出版社，2015），頁 202−238；李紅濤、黃順銘：《記憶的紋理：媒體、創傷與南京大屠殺》（北京：中國人民大學出版社，2017），頁 276−281。

13 丸山茂：〈不管甚麼名義，走向戰爭都是罪惡〉，《侵華日軍細菌戰紀實》，頁 406。

14 詳見本書第四章。

15 詳見本書第四章，第一節。

16 報告詳見第三章，第五節。

17 見郭成周、廖應昌：〈華南（廣州）「波」字 8604 部隊（防疫給 —— 細菌戰部隊）〉，《侵華日軍細菌戰紀實 —— 歷史上被隱瞞的篇章》，頁 404−408。

18 詳見本書第四章。

19 有關馮奇介紹及描述，見本書第四章及第五章。

20 詳見本書第四章，第二節。

21 〈75 歲老人蕭錚回憶日軍在「難民所」的殘暴惡行 日軍用年輕人進行細菌試驗〉，《廣州日報》，2005 年 6 月 8 日。

22 同上。

23 同上。

24 同上。

25 同上。

26 同上。

27 同上。

28 參見本文附件十一。

29 〈75 歲老人蕭錚回憶日軍在「難民所」的殘暴惡行 日軍用年輕人進行細菌試驗〉，《廣州日報》，2005 年 6 月 8 日。

第二章

展開南石頭研究的契機

一、二戰審判記錄港人在粵失蹤個案

　　1945 年，日軍戰敗投降，二戰正式結束。英國旋即重新接管香港，同時設立四個軍事法庭，審訊戰爭罪犯。整個審判程序前後費時兩年零八個月左右。審判結束後，英國陸軍部檔案收錄了整個當時法庭審訊的文字記錄，其中一份由英國駐港陸軍司令對日本帝國陸軍憲兵隊大佐野間賢之助進行審判的文件提及當時不少港人在粵無故失蹤。文件顯示，控方第 51 證人曾庭茂妻子歐蓮（音譯：Au Lin）出庭作供，表示丈夫遭日軍捉捕後，被帶着乘船離開香港，前往廣東，最後一去不返。歐蓮憶述，曾庭茂於 1944 年 4 月 15 日在雲地利道被憲兵無故逮捕。三天後，歐蓮在憲兵部曾與他見面，其後曾氏即被帶到筲箕灣七姊妹區的難民營，拘留達 15 日，歐蓮則每天接濟丈夫。以下為審訊的部分內容：

> 問：你知道為何他被帶到那裏嗎？
>
> 答：他被逮捕並被帶到那裏。我曾嘗試保釋他，但他們説他所有的家人都要去（那裏），才能把他保釋出來。我連續十五天給他帶食物。然後，他説他將跟着日本人一起被撤離到廣東。[1]
>
> 問：你曾説你連續十五天給你丈夫送食物。之後，發生了甚麼事？
>
> 答：當我再送食物給他時，有人告訴我他已經和日本人一

起被帶到廣東。

問：自此之後，你有沒有再見到他？
答：我沒有再見過他。他沒有回來。

問：你有否聽說過他發生了甚麼事？
答：自此之後，我再沒有收過任何有關他的消息。[2]

　　從以上證詞可見，日軍佔領香港時，曾進行捉拿香港居民並以船隻運送到廣州的行動，且有被捕者無故一去不回。

　　實際上，此事件發生之前兩年，即 1942 年，歐蓮和丈夫也曾因須接受問話為由，遭日本人逮捕，並和其他難民（約一萬人）同被帶到船上。後來，船隻因事故沉沒，他們僥倖逃回香港。以下為部分審訊內容：

問：我想你把記憶追溯到 1942 年。你曾否被日本人逮捕？
答：那年的 4 月 4 日，我和丈夫一起被日本人逮捕。日本
　　人來到我們家，把我們捉走了。

問：你被帶到哪裏？
答：他們把我帶到駱克道的防空洞，我被扣留在那裏一晚。

問：那你丈夫呢？
答：當時，他們在捉拿難民。我們一起被帶到西角某處，
　　然後被送上船。

問：當你被捕時，有沒有人告訴你，你被捕的理由？

答：他們來逮捕時，我們正在做午飯。我問他們為何要來
　　逮捕我們。他們回答說：「沒甚麼，只是問話。」

問：你說你有一晚被扣留在防空洞，那裏是怎樣的？
答：我們全部人被扣留在防空洞。洞內不是很高，由防空
　　洞的磚建造。

問：那裏是否只有你和丈夫？
答：那裏有數千人。

問：防空洞內有沒有守衛？
答：士兵守着，不准我們出去。

問：次日，發生了甚麼事？
答：隔天早上大約十時，我們被送上一輛貨車，前往西
　　角，接着被送上船。

問：當時，你有沒有帶任何行李或個人物品？
答：沒有。只有我身上的衣服。他們告訴我，他們只是要
　　審問我。

問：在西角發生了甚麼事？
答：那地方有很多人聚集，大約有一萬人。當晚我們被帶
　　上船。

問：你當時坐的那艘船有多少人？
答：那時有其他大船，但我坐的是小船，大約載有一百至
　　二百人。

問：當時，總共有幾艘船？

答：十九艘。其中有一些是大船。

問：登船前，你有否收到任何東西？

答：一罐米、兩條麵包和十元國幣。

問：誰負責帶領你們？

答：憲兵。

問：他們當時在哪裏？

答：我們被帶上船時，憲兵離開了。我們登船後，就被遮蓋着。

問：之後發生了甚麼事？

答：大約七時我們啟程了。一艘蒸汽船拖着我們航行。

問：這趟旅程如何？

答：我們起航後，開始下雨，接着暴風雨就來臨了。蒸汽船抵擋不住，所以他們把拖繩切斷了。

問：蒸汽船上有甚麼人？

答：憲兵。他們由日本人照顧。

問：拖繩被切斷後，發生了甚麼事？

答：我們被遺棄在暴風雨之中，我們的船也斷成兩截。

問：請你告訴我，由你不想死的一刻直至靠岸，期間發生了甚麼事？

答：在這樣的情況下，我們被遺棄了四天。然後，一艘叫

「金星」的蒸汽船確定了我們的正確位置，接著也在所有駁船當中，找回三艘。我們再重新被拖領。所有在駁船上的人都轉移到蒸汽船上。船上留着許多屍體。

問：你登上「金星」後，發生了甚麼事？

答：當蒸汽船到達一座山，他們取來附近的漁船，然後那些漁船帶我們上岸。

問：這是甚麼地方？

答：我問一名女漁夫哪裏是甚麼地方，她説那是「半天雲」（音譯：Boon Tin Wan）。我問那裏有沒有村落，她就叫我們沿着路走。

問：和你同船的人的身體情況如何？

答：有一些能夠走路；有一些因為飢餓，所以不能。健康的人如我，能夠走路。

問：那些不能走路的人發生了甚麼事？

答：他們在山邊死去。

問：你如何知道？

答：那些人比我們更早被送到那裏，死在那裏。當我們經過時，那裏臭氣衝天。

問：你曾説有人指了一條道路，讓你跟着走。你接着怎樣做？

答：我們一直走，直至聽到雞叫，就知道那裏有個村子。那時差不多天亮。如果我們有錢，我們可以走路回香

港;如果沒有,就不能。但最後我們成功回到了香
港。在十九艘駁船當中,只有三艘倖免遭難。因此失
蹤人數超過了一萬人。

問:你說過當你離開你坐的駁船時,船內有一些屍體。你
有否確實看見這些屍體?

答:當我把水倒出船外時,我踩過一些屍體。

問:駁船上有多少具屍體?

答:超過二十具不同性別、身型的屍體。

問:你見到岸邊有多少具屍體?

答:大量。他們是前幾天被逮捕的。[3]

以上證言揭示出日軍在佔領香港時,曾有計劃地將香港難
民從香港轉移到他處,期間亦造成了大量死亡。從現時日本政
府公開的文件,也顯示當時確實如上述個案所述,由香督屬下
的海事部負責統籌,將本港難民大批轉送至中國內地。相關文
字記載如以下海事部文件(由本會中譯):

海事部

一、十一日開始疏散人口的船隻(寶安市橋於十一日,
澳頭於十四日開始);

二、準備九十九隻在 APACHIN 漁船的許可證及作出航
準備;

三、十六日開始在內河的香港廣東航線;

四、修理押收船隻，ARUGASU · HORUTOU 號；

五、正在調查沉船事件；

六、準備計算本部的財政預算；

七、準備發出港內坦克航行的許可證；

八、準備打撈北澤棧橋附近的沉船工程。

完

　　可見，個案提及的沉船事件在當時經常發生，因此海事部才會發出文件，要求有關部門處理。沉船頻繁，與航道使用率互有關聯。上文中譯本提到的「海事部文件」即乃當時船隻疏散人口的報告。從 1 月 16 至 19 日三天內，便有九個班次，共二十餘艘船隻。可想而知，被遣返的香港難民可說是成千上萬。日軍當局的舉措，其實正是當時日據時期香港的歸鄉政策所致。

二、歸鄉政策與粵港難民

　　所謂的「歸鄉政策」，是指日軍佔領香港後，為解決香港一百六十多萬居民糧食供應而推行的政策，於 1942 年 1 月正式實施，目標為將一百六十多萬人口減少到五十萬左右。[4]

　　淪陷英軍投降前一日，第 23 軍已制定《港九地區人口疏散實施要領》，準備於接收香港後即時實施。《要領》明言為了支援第 23 軍的作戰並維持治安，港九地區的下層階級以及流浪者

將被移住疏散，但與軍事機相關的勞動力和技術則會被保留。據《要領》列出需保留人口有：

一、需要恢復運作的工廠之工人（日軍預計約三千四百人）；

二、需要封存的工廠之工人（約 6,100 名，另外需要 12,500 名苦力）；

三、造船、機械工人，船塢技工、船員及其他相關人員（數萬人）；

四、有恆產和一定職業者；

五、農人以及生產生活必需品的工人；

六、其他軍部認為需要逗留的人員。[5]

《要領》要求疏散大量人口，卻沒有提及如何安置及照顧他們。因此所謂的人口疏散計劃，香港居民不少無端變成難民，被遣回鄉。疏散分為「自費疏散」、「懲惠疏散」及「強制疏散」三種，其中「強制疏散」又稱「捉乞兒」，街上行人若被日兵見到，會無故被指為行乞，不由分說捉起拘留。這個政策下總共拘留了 50 人左右。便發給一星期的乾糧，強迫上船，發放至無人島，或遺棄於敵區海岸，過程十分粗暴。[6]

目前日本政府所公開的舊日軍文件中，也有關於歸鄉政策的描述，以下為一份論及《香港軍政別冊概要》有關「人口疏散」的文件（由本會中譯）：

驅逐人口

香港自被英國佔領，一百年來逐步發展成貿易轉口港。特別在近年，因為中國以外地方有政治爭鬥，非常多

的華人、富商以及流亡的政治人士等入境，各行各業無法引入正常的勞動人口，生產業嚴重受影響。

即使多了接近二百萬差劣的工人，因太平洋戰爭爆發，仍然改變了香港的特質。軍政廳認為聚集過多這種非勞動人口是一個非常大的弊病，因此積極實行驅逐華人人口的政策。雖然軍政廳時代（至昭和十七年〔1942 年〕2 月 19 日）已驅逐了 554,000 人，總督府管治時亦跟隨了此方針。因此直至昭和十八年（1943 年）9 月尾，又驅逐了 419,000 人。

戰爭開始前，香港人口只有大約 180 萬左右。但到了昭和十八年（1943 年）9 月尾時，由於疏散了合共 973,000 人，香港只剩下少於一半的人口。

驅逐是以「慈惠疏散」（免費疏散）、「自費疏散」及「強制疏散」三個方法進行，把所有對新香港「無用」的華人強制疏散到管洞區外的鄉下。

「慈惠疏散」及「強制疏散」是疏散流浪者、失業者、貧窮者等被認定在將來的香港無法就業的人。犯罪者等或會先慈惠後強制的方法讓他們歸鄉。「慈惠疏散」將提供住宿伙食及旅費，讓他們可去大平、江門或者深圳。「強制疏散」則給予食物及小費，讓他們離開管治區範圍。「自費疏散」則是讓他們自發地離開香港，以自己的資金或由華人同鄉會協助離開。以同鄉會的資金離開香港。

在 973,000 總疏散人口中，慈惠疏散的佔 576,000，強制疏散的佔 16,000，自費疏散的佔 381,000。

行文中，提及「二百萬差劣的工人」、「聚集過多這種非勞

當年香港難民在灘石頭上岸的港口的現貌，亦是日軍檢疫所的旁邊。

動人口是一個非常大的弊病」、「把所有對新香港無用的華人強制疏散」等用語。觀此可知其時日軍對疏散人口的態度，以實際驅逐成效為要，並未見有善待香港居民之意。有學者指出，「歸鄉政策」對於歸僑而言是「人遣大陸，財物留港」的掠奪性遣返，且實施過程中充滿殺機，其殘酷性遠非普通難民運動可比，[7] 實可見一斑。

　　上述歐蓮及其丈夫的兩次遭遇正是「強制歸鄉」的實例，除反映歸鄉期間的殘酷待遇外，亦揭露出存在難民被遣到廣東後失蹤的史實。有關淪陷初期遣返情況，亦可參考薩空了《香港淪陷日記》中的描述。[8] 從以下日記摘錄已可見當時的部分情況：

1942 年 1 月 6 日　星期二

　　……早報買來，本港新聞中有以下各項：（一）敵人發起的歸鄉運動，第一期目的在疏散三十萬人口。

1 月 10 日 星期六

……今天的報，到下午才有時間看，可注意的消息只有一項，那不是即日已有輪船開粵澳，但是否事實還不知道，買票方法如何也不知道……

1 月 14 日 星期三

……（五）敵佈告民眾勿輕信謠言，香港日用物資充足，不虞匱乏。

最後一項新聞顯然證明，連日敵人將米以及其他物資自港他運一事，已引起香港民眾的恐慌。而這恐慌又已反映到敵寇方面了。這幾天港海內停泊的運輸船，今天數過一次，多至三十艘以上。這幾天為了運走在港掠得的物資，敵寇強迫拉去作搬夫的勞動者為數極多。

1 月 15 日 星期四

……通廣州的輪船都自今日起恢復……可是大船都要八九十元港紙一個人，並不是定價這樣高，而是輾轉購買的黑市，造成了這種現象。為了這個，炳海他們想走廣州，也走不成。

1 月 16 日 星期五

今天報紙上關於本港的消息：（一）對於港九渡輪恢復也證實了不確。（二）白銀丸在粵港間開行也經證明，據規定是頭等軍需票九元，二等軍票五元，三等軍票三元，並禁止炒賣。雖然說禁止炒賣，可是事實讓黑市卻高至六七倍還不止。

粵港間的船，曾經常開行，大約是無疑的。

1 月 18 日　星期日

炳海是很想經廣州轉四會的，可是托了許多人都買不到票……等着買票者的行列，簡直和等着買米的行列一樣長。買票必須用「軍票」和兩張照片。於是軍票交換所前，人的行列也長的不得了……有的人真是整日整夜的等在那裏，飯由家人送來吃，這顯然比買米更為困難。

1 月 21 日　星期三

……聞港難民到廣州者，無人可依，不許在廣州逗留。

（六）敵人所辦的疏散人口免費船，今日開往市橋的一線已停，另開闢了一個唐家灣線，這都是方便粵人回廣州一帶去的路線。

1 月 24 日　星期六

走回油麻地碼頭，那裏等着買廣州船票的人，依然是一條看不見首尾的長蛇陣。

從以上日記當中所述，至少可解讀出以下資訊：如日軍已把香港儲存大量的糧食及日用物資運走，送往前線，所以，這邊便須大量疏散人口，而被疏散人口是有指標的，薩空了聽到的是第一期為三十萬。疏散到廣州的，有免費船，也有高價船；甚至出現了黑市，船票炒賣得很厲害。從薩空了日記中還可得知，當時上船離開的，絕大部分是要到廣州的。薩空了是從當日一位香港難民的角度，把淪陷後一個多月的親歷親見記錄了下來。但由於

視角所限，他的日記亦只能記錄其時的部分情形。

當時，由於政局關係，中國政府並未就此再作深入調查。事隔數十年後，因為一個偶然的契機，終於有一批內地學者重新展開調查，嘗試解釋了當時香港難民失蹤的謎團，以及由此引起的日軍華南細菌戰調查。

三、初步探索日軍「波」字第 8604 部隊

1994 年初，中國學者正式展開一項調查。其時臨近抗日戰爭勝利 50 周年，中國抗日戰爭史學會與中國人民抗日戰爭紀念館計劃出版相關書籍，其中涉及曾於廣州行動的前日軍「波」字第 8604 部隊。由於史料不甚清楚，遂致函廣東省社會科學院歷史所所長方志欽教授，尋求協助。

方志欽教授於 1994 年 1 月下旬接獲公函如下：

> 茲為紀念一九九五「七七」抗日戰爭勝利五十周年，我將出版一部（套）抗日戰爭史叢書，其中有《侵華日軍的細菌戰》（原書按：一九九七年出版時改名為《侵華日軍細菌戰紀實》）一集（本），委託由軍事醫學科學院郭成周、廖應昌等專家們主持編寫。
>
> 茲悉前日軍有「波」字第 8604 細菌部隊，又稱華南防

痕給水部隊，設在廣州中山大學醫學院，其事跡罪行尚不完全清楚，希請和郭成周、廖應昌兩教授取得聯繫，共同協作，將此段史料收入國家歷史檔案館，因事關重要，務請大力協助，為期。[9]

郭成周、廖應昌教授兩人，亦致私人信函予方志欽教授，指出：

為了紀念抗日戰爭勝利五十周年，我們受中國抗日戰爭史學會的委託，編寫《侵華日軍的細菌戰》一書，其中的廣州部分尚不清楚，在我國尚無記載，成為歷史的空白。為了維護國家尊嚴，揭露侵華日軍的細菌戰罪行，力爭將此問題有個下落，特懇請你處大力支持，給予指點，或合作編寫……[10]

此信附有日本出版的雜誌《戰爭責任研究》季刊（1993 年總第二號）兩頁複印文件，其中第四頁為日本人伊香俊哉的〈舊日本軍細菌戰部隊關係圖〉，注明是「一九三二年至一九四四年全體圖」，其中還特別標明「〈8〉一九三九年，廣州『波』字第 8604 部隊編成」。

郭成周教授根據日文資料用中文譯出：「日軍在廣州灘石頭設有檢疫所，檢疫所西側珠江彎曲部有舊炮台的地方，前方就是監獄和難民收容所，在此使用細菌毒害來自香港的大批難民。」複印件的另一頁表明：「『波』字第 8604 部隊（廣東）（中山大學）」。[11]

從上述通訊，可知當時針對日軍「波」字第 8604 部隊的活動，日本已存在少數研究，至於中國則在近年在始被學界關注。[12]

方志欽教授收到尋求協助的文件後，旋即將此調查交付廣東省社會科學院歷史所研究員沙東迅，[13] 希望在數月內作初步調查。沙東迅立刻廣泛收集國內資訊，致電或當面請教各機構及學者，包括：廣東省檔案館、廣東市檔案館、廣東革命歷史博物館、省市黨史研究室、省市地方志辦、省軍事志辦、省戰史辦、省市防疫、檢疫部門以及大專學校、科研單位的歷史學和衛生防疫的專家學者，但均獲回覆表示沒有聽過此事。[14] 此後，沙東迅持單位介紹信往中山大學中山醫學院，到該醫學院檔案室查對目錄和詢問管理人員，發現沒有這方面的存檔。又通過黨委辦、老幹處和工會等部門介紹，尋訪幾十位年長教授、幹部、醫生、技師、護士、職工，並走訪中山大學中山醫學院和中山大學附屬一、二、三院及腫瘤醫院，唯因廣州淪陷時，絕大多數人已隨學校遷到後方，故大多無法作出證言。其中僅在中山大學附屬第一醫院（以下簡稱「中山一院」）尋得二人，分別為急診室病房中的退休看門工人簡窩（1994 年時年齡 92 歲，以下同），以及在病房中的退休護士何淑珍（89 歲），兩人皆謂日軍佔領廣州時，他們仍留在中山大學中山醫學院。那裏當時駐有日軍，但不知道日軍有沒有進行細菌戰。[15] 因此，沙東迅才在其後的報告書裏感歎道：

> 筆者雖然在廣東對廣東近現代史作過三十多年的調查研究，但對此事一無所聞，史書上也毫無記載。接到任務後，查詢有關檔案、歷史研究部門、廣東省、廣州市衛生

防疫部門，均無此資料，詢問許多老年人，包括一些老的衛生防疫專家、微生物學、細菌學專家，也均不知此事。[16]

四、日人線索與初步發現

不久，沙東迅又收到郭成周教授來信，提供原 8604 部隊班長丸山茂所畫的兩幅草圖，後再來信提供丸山茂對草圖的修正稿中文譯稿和一份演講的中文譯稿。[17] 郭成周教授介紹指，丸山茂為一名舊日兵班長，1993 年在東京參觀 731 部隊罪行的展覽後，良心受到極大的震動，遂發表文章，[18] 作出其在廣州「波」字第 8604 部隊時的證言。

首先，丸山茂指出「波」字第 8604 部隊與從香港前往廣州的難民關係密切：

戰爭是非道義性的，為了防止再次侵略他國，現要將鮮為人知幾乎被埋沒掉的「香港難民大量殺傷細菌戰」記錄下來：

- 1942 年（昭和十七年）2 月至 5 月
- 在廣東省廣州市河南南石頭難民營
- 被害者：日軍佔領香港前後由水路逃到廣州市的難民中的大部分人
- 加害指揮官：「波」字第 8604 部隊部隊長佐藤俊二大佐。

• 執行者：該部隊第一科細菌檢查班的場守喜衛生伍長。

這次細菌戰的起源是由日軍佔領香港所引起的。1942年1月香港軍政廳（日軍）以逐出佔領地市民為企圖開始徵收香港、九龍的糧食和物資。市民深受缺糧之苦。這時軍政廳發出佈告說給回到鄉下去的市民發糧。

幾天內成為難民的人中，由陸路回鄉的人們都會到深圳，在那裏領到糧食後，各自回到鄉下離開了日軍佔領地。[19]

以上證言清楚說明，事件正關係到依循日軍歸鄉政策前往廣州的部分香港難民。丸山茂證言接着揭露說：

當時我是廣州「波」字第 8604 部隊第一課細菌檢索（原書按：檢索即化驗之意）班兵長（原書按：即班長），部隊對外稱是華南防疫給水部，部隊長是佐藤俊二（大佐）。

該組織較為龐大，是配備 1,200 多名專業人員的師團級單位。本部下設六個課。其中專業將校 100 人（根據內山武彥的戰地日記，不包括兵區議員的人數）。

總務課，是後勤保障、人事、財務管理部門，由熊倉衛生少佐任課長。

第一課，是細菌研究課，由溝口 ×× 軍醫少佐任課長。本課下設庶務班、研究班、檢索班（主任：佐藤 ×× 大尉）、培地（原書按：為細菌培養製造之意）消毒班和動物班。共約 80 人，其中將校官十人，中國勞工七人（原書

按：九山茂曾在本課檔索班任職）。

第二課，從事防疫給水研究，江口（豐潔）衛生少佐任課長。

第三課，從事各種傳染病治療的研究，由小口 ×× 軍醫少佐任課長。

第四課，從事鼠疫培養和病體解剖，渡辺 ×× 軍醫中佐任課長；第四課是用鐵絲網圍起來的，禁止與外部人員的一切交往。食住等一切生活都在裏面進行，很可怕。只有晚上點燈時才能看到裏面的一些情況，裏面的棚子裏擠滿了石油罐。有時從外面運進來很大的行李，連哨兵也不能看到裏面裝的是甚麼東西……

第五課，是器材供應部門，其課長（名字）忘記了。[20]

丸山茂所畫草圖 [21] 如下：

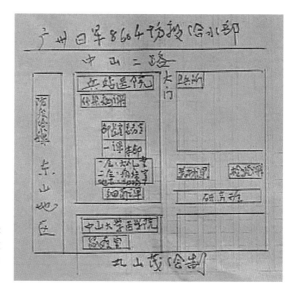

丸山茂所繪製「波」字第 8604 部隊總部草圖，圖上有明確的「中山大學醫學院」名稱

從簡圖可見，部隊舊址主要似以中山大學中山醫學院及其
周邊為據點。

五、再度尋訪

日人丸山茂的證言激勵了沙東迅再度前往中山大學中山
醫學院的決心，並通過老幹部介紹，尋得一位知情人士接受訪
問。受訪者名為明華生（時年 59 歲），長年工作於中山大學中
山醫學院及中山一院，為副主任技師。[22]

明華生舉出歷年來親睹的日軍部隊物品及標識。其證言指：

> 50 年代初期，我在原中山大學醫學院藥物研究所（即
> 現在中山大學中山醫學院保健室）二樓聽課，就發現有兩
> 張椅子背後寫着「波字第××××部隊」（號碼不記得了）
> 的字。我還看見過一些舊家具也寫有這些字，聽人說，這
> 是日本仔攪細菌戰用的東西。1972 年，我被派到華南農學
> 院附近辦農場，有一華農退休幹部指着舊拖拉機站的房子
> 對我說，日本仔曾在這裏攪過細菌研究。解放初期，我到
> 廣州伍漢持紀念醫院（即現在的中山醫院腫瘤醫院舊樓，
> 現已拆，建了新大樓）找人，看到一電線桿上釘有一木牌，
> 上面寫着：「波字××××部隊、華南防疫給水部」的字。
> 我還見過生理學教研室有一舊椅，背上寫着日文「係長室

用」的字，此椅現還在。」[23]

採訪後，明華生帶領沙東迅實地調查，尋得該椅，並拍照為證。沙東迅又在現場發現「一個舊的鑲玻璃的醫用鐵櫃，上面有一個中、日、英文商標，說明是日本東京的產品」，[24] 沙東迅分析，認為中山大學醫學院特從東京購置醫用鐵櫃的可能性甚微，估計鐵櫃乃日軍從日本東京運來而遺留在此的。[25] 後在中山醫攝影室又發現了一個同樣大小的醫用鐵櫃，但玻璃已換成了新鐵皮，商標相同。因許多舊家具、舊儀器設備已被清理淘汰，或經油漆翻新，原有字跡已不可考，故此未找到更多物證。所尋得的三件物證，前兩者現交廣東省博物館展出和保存，後者由中山大學醫學博物館保存。[26]

明華生又分析丸山茂的草圖，辨明草圖與中山大學中山醫學院的關係，謂：

根據日本人丸山茂提供的簡圖看，可以肯定日軍「波」字第 8604 部隊就駐紮在原中山大學醫學院，即現在的中山大學中山醫學院和中山大學附屬第一醫院內，其本部、部隊長室、細菌疫苗研究班、第一科（課）等是在今圖書館（舊樓，兩層，另有地下室）內。其他經理部，動物班，二、三、四、五科（課）及兵舍等均在圖書館附近。[27]

明華生作為第一位證人，突破了研究的膠着狀態，其證言與證物，反映「波」字第 8604 部隊曾駐紮於原中山大學醫學院。又，明華生過去幾度耳聞日軍在廣州進行細菌戰之事，表

中山醫科大學辦公主樓現狀，現為廣州市文物保護單位。其外觀及內裝均未有大變。至今還保留着天井、木質樑板、石質樓梯等建築構件。

中山醫科大學圖書館，原日軍 8604 防疫給水部本部。

明研究調查方向不虛。明華生同時向沙東迅介紹同校的徐球，進行了採訪。

徐球在廣州淪陷時任行政科長，長居中山大學醫學院附近，他憶述當時駐紮的日軍說：

> 我今年 59 歲，生長在原中山大學醫學院動物中心後面（當時是農村），幾十年來都在此居住。抗戰時期，在原中山大學醫學院駐有許多日本軍隊。我見到當時駐在此處的日本軍隊不像打仗的軍隊，有不少日軍穿着白大褂，像醫生一樣，還養有一些馬，他們辦公、居住的地方都戒備很嚴，有武裝守衛，有的還用鐵絲網圍起來，不讓無關的人員進入，我不知道他們裏面是攪甚麼的。[28]

徐球所指的原日軍馬房，佔地幾百平方米，位於現中山一院門診部的東南角。沙東迅獲徐球帶領考察馬房時，建築物低層已遭改動，但頂部還是用日本產的鍍鋅鐵板做成的穹圓頂，至 90 年代初仍基本保持原樣。現在則已全部拆除，建成新的門診大樓。[29]

此外，沙東迅也得到中山大學醫學院圖書館退休返聘副研究員郭家鑄（時年 70 歲）提供證言，說明當年圖書館中有很多日文書刊，為日軍讀物，但今圖書館已不存。證詞指：

> 1953 年初⋯⋯當時（圖書館）底層地庫堆積了很多舊的醫學中外文書刊，其中日文書刊較多⋯⋯其中日文細菌書刊特別多⋯⋯所有書刊都很陳舊，有些發霉破爛，我們

清理出較好的保存，破爛的當廢紙賣掉，把保存下來的日文
書刊重新編目入庫，直至前兩年我館又因書庫存書爆滿，而
且這些日文書刊實在太舊且過時，又無人看，本館認為沒有
必要保存，故把解放前的日文書刊全部當廢紙賣掉。[30]

徐球和郭家鑄的言辭，皆印證明華生所言日軍曾駐紮於原
中山大學醫學院的說法。徐球引導發現日本製建築物穹頂，輔
證所言。郭家鑄除作證日軍曾在中山大學醫學院圖書館活動，
提及日軍所閱的「細菌書刊」，與研究的方向相合。

六、沙東迅的初次訪查結果

雖然沙東迅在這一次採訪並未找到與細菌戰直接相關的證
據，但已收集了不少初步的線索，佐證中山大學中山醫學院曾
為「波」字第 8604 部隊根據地。事後，沙東迅根據丸山茂兩次
提供的簡圖和實地調查所得，畫成《「波」字第 8604 部隊平面
示意圖》。調查遺址後，沙東迅推論日軍選址考慮到中山大學中
山醫學院的醫學設施齊全，如「現成的實驗室、化驗室、解剖
室、課室、宿舍等」，又因學校遷往大後方，幾乎無人，交通亦
十分便利，故選擇此地為大本營。[31]
沙東迅根據丸山茂兩次提供的簡圖核實了當年「波」字第
8604 部隊根據地的建築分佈：

地下室保留的唯一一扇舊式門，這扇門可　　地下室斑駁殘舊的牆壁。
以直接通往隔壁地下室。

　　其本部、部隊長室、總務課、第一課、瘧疾研究室、
動物室均在現中山大學醫學院圖書館舊樓（兩層及地下室
的地方），部隊長宿舍，原紅樓宿舍（已拆），軍官宿舍（現
為院武裝部），第二、三、四、五課，經理部，官兵宿舍，
酒吧，馬房，細菌培養室，檢索班等均在舊圖書館附近，
包括現中山大學附屬第一醫院部分地方。這些建築物除少
數拆建外，大部分遺蹟還在。[32]

　沙東迅從丸山茂所提供的資料中，提及了另一個地名，即
廣州「灘石頭」。相關的證言如下：

當時我在擔任香港攻佔軍殿後任務的部隊裏，駐在深圳，所以看到拿着一點包袱、背着孩子、手攜着孩子的越過國境而來的三三五五的人群。從海路回鄉的人是不是更多？

其中有一群人逆珠江而上，往廣州方向而去。日軍以廣州市的治安問題為借口，不讓這些人進入廣州市，而收容到灘石頭難民收容所，進行了卑鄙無恥的細菌戰。

珠江進入廣州市後有三個分支，即東江、北江、西江。灘石頭位於分流的地方，這裏有日軍方面的廣東省政府檢疫所，在其東側與檢疫所之間有食堂，在南側出入口附近有憲兵隊的分遣隊，有十名左右常駐在那裏。

在檢疫所西側離珠江邊約四百米處的珠江灣曲部、有舊炮台的地方，其前面就是前監獄。周圍六百米是用石牆圍起來的當時難民收容所。有持舊式槍的省政府門衞看守着。隔着石砌的路有收容所的事務所，再南面是食堂。

乘船到廣州的難民中也有為了省錢而乘坐帆船，船尾是推進水車的。他們眼看就到廣州了，卻在這裏（灘石頭）被迫進入收容所。[33]

但是，沙東迅多番探查，都並未發現廣州「灘石頭」的真正所在。不過，另一位同是研究日軍華南細菌戰的學者譚元亨則在這方面取得了進展。

譚元亨於 1994 年初接受廣州電視台的委託，撰寫有關紀念抗日戰爭勝利 50 周年的電視劇劇本，遂從時任電視台文學部主任沈冠琪處獲得丸山茂的證言，並開始追尋灘石頭的實際地點。[34]

　　譚元亨先查找廣州市區的地名，但還是無功而還。其後，譚元亨轉移調查思路，從證言中所提到河南靠江邊的炮台處入手，推測其為珠海區的鎮南炮台，尋找到現名為「南石西」的地方。實訪後，他發現該地只剩下殘址，並蓋起了一所自行車廠。同時，他詢問了該地的老人，得知地名本為「南石頭」，後來改為「南石西」。譚元亨估計，日本人或許無法分辨同為 an 韻的「灘」、「南」二字，故誤把「南石頭」寫作「灘石頭」。[35]

　　為查證該地是否即丸山茂所指的地點，譚元亨請教曾為廣州衞生防疫站領導的陳安良。陳安良經調查後回覆，表示查到了有關的日軍設施。回覆指出南石頭曾有一個日軍檢疫所，且旁邊緊連着日軍監獄或集中營；同時陳安良查證出，日軍檢疫所就在古炮台不遠，而古炮台裏還收容過難民。故陳安良肯定表示：「灘石頭就是南石頭，加上那裏有檢疫所，有日軍監獄，日軍憑此進行細菌戰，基本上可以與日本老兵的揭發進行互證。」[36]

　　以此為突破口，譚元亨再次前往南石西的自行車廠，並找到了幾位當時尚健在的證人。於是，國內學者對於南石頭的日軍設施遺址及其事件的研究從此正式展開。

注釋

1　劉志鵬、丁新豹：《日軍在港戰爭罪行：戰犯審判記錄及其研究》（上冊）（香港：中華書局，2015），頁 234。

2　同上，頁 234－236。

3　同上，頁 236－242。

4　劉智鵬、周家建：《吞聲忍語：日治時期香港人的集體回憶》（香港：中華書局，2009），頁 45。

5　相關分析見譚元亨：〈廣州－香港－廣州，為甚麼選中的是香港難民？〉，《粵港1942 南石頭大屠殺》（北京：西苑出版社，2015），頁 58－97。

6　和仁廉夫：《歲月無聲 —— 一個日本人追尋香港日佔史迹》（香港：花千樹出版有限公司，2013），頁 41。

7　譚元亨：《粵港 1942：南石頭大屠殺》，頁 94。

8　薩空了是中國著名的民主人士，長期從事新聞工作。他生於 1907 年，逝世於 1988年。1938 年他在香港創辦《立報》，香港陷落時他正在港島。他協助過胡愈之創辦了民主同盟的機關報《光明日報》，後參與新政協的籌備工作，出任中央人民政府新聞總署副署長，國務院民族事務委員會副主任（他是蒙古族人），全國民盟副主席，全國政協副秘書長兼《人民政協報》總編輯。他把一生獻給了民族解放事業，尤其是新聞出版工作，他是著名報人，而且，還是中國「連環畫」之父 —— 是他一手扶持起連環畫出版，他臨終時仍關心中國連環畫的發展。
　　香港淪陷於珍珠港被襲同在 1941 年 12 月 7 日發生，所以，他的日記便從 1941 年12 月 8 日開始，直至他逃出香港的 1942 年 1 月 25 日結束。詳見薩空了：《香港淪陷日記》（香港：三聯書店，2015）一書。

9　信件轉引自沙東迅：《侵華日軍在粵細菌戰和毒氣戰揭秘》（廣州：廣東高等教育出版社，2015），頁 10－11。

10　同上，頁 11。

11　同上。

12　沙東迅指：「當時提供的線索就僅僅是這些了。」見《侵華日軍在粵細菌戰和毒氣戰揭秘》，頁 11。中國學者專著見曹衛平：《侵華日軍 —— 廣州 8604 細菌部隊研究》（北京：中國社會科學出版社，2018），相關資料見香港抗戰歷史研究會：《香港人不應忘記：南石頭難民營》（香港：香港抗戰歷史研究會，2017）、香港抗戰歷史研究會：《廣州人更不應忘記　鐵證如山：南石頭大屠殺圖冊》（缺出版地點：粵港南石頭慘案調研組，2017）等。

13　沙東迅指：「由於筆者是該所的研究員，正在參加《廣東通史》、《廣東民國史》和《廣東省志・大事記》有關廣東抗戰部分的撰寫工作，所以所長很自然地把此任務交給了筆者。」見《侵華日軍在粵細菌戰和毒氣戰揭秘》，頁 11。

14　《侵華日軍在粵細菌戰和毒氣戰揭秘》，頁 12。

15　同上，頁 12 至 13。

16　沙東迅：《日軍在廣東進行細菌戰情況的調查報告》（廣州：廣東省社會科學院歷史所，1994 年 10 月），頁 1。

17　關於丸山茂證言的提供者，書中指郭成周說明是「日本友人、日本 731 全國展主席渡辺登先生和日本日中和平友好協會代表、哈爾濱 731 部隊罪證陳列新館籌建基金事業局長山辺悠喜子女士寄來的」，同時段末又按：「糟川良谷説是他提供的」，故未詳。見《侵華日軍在粵細菌戰和毒氣戰揭秘》，頁 14。

18　《侵華日軍在粵細菌戰和毒氣戰揭秘》，頁 14。原文標題〈不管有多麼堂皇的借口，走向戰爭都是罪惡的〉（〈いかなる美名でも　戰爭への道は悪だ〉）。見郭成周、廖應昌：〈華南（廣州）「波」字 8604 部隊〉，《侵華日軍細菌戰紀實 —— 歷史上被隱瞞的篇章》（北京：燕山出版社，1997），頁 404－408。

19 丸山茂著，沙東迅、易雪顏譯，摘要標題作'〈侵華日軍在粵進行細菌戰，屠殺香港
　　難民的證言〉，載《廣州都市人》（1995年1月），頁16至18。中譯全文未發表。
　　此段摘錄見《侵華日軍細菌戰紀實：歷史上被隱瞞的篇章》，頁406。
20〈侵華日軍在粵進行細菌戰，屠殺香港難民的證言〉，頁16－18；參見《侵華日軍細
　　菌戰紀實：歷史上被隱瞞的篇章》，頁404－405；又參見《侵華日軍在粵細菌戰和
　　毒氣戰揭秘》，頁14－16。
21 檔案由沙東迅教授提供。
22《侵華日軍在粵細菌戰和毒氣戰揭秘》，頁16。
23 沙東迅記錄：〈明華生訪問記錄〉，轉引自《侵華日軍在粵細菌戰和毒氣戰揭秘》，頁
　　18。
24《侵華日軍在粵細菌戰和毒氣戰揭秘》，頁19。
25 同上，頁20。
26 同上，頁20至21。
27〈明華生訪問記錄〉，轉引自《侵華日軍在粵細菌戰和毒氣戰揭秘》，頁18－19。
28 沙東迅記錄：〈訪問徐球的記錄〉，轉引自《侵華日軍在粵細菌戰和毒氣戰揭秘》，頁
　　21。
29《侵華日軍在粵細菌戰和毒氣戰揭秘》，頁20。
30〈中山醫圖書館郭家鑄提供的情況〉，轉引自《侵華日軍在粵細菌戰和毒氣戰揭秘》，
　　頁24。
31《侵華日軍在粵細菌戰和毒氣戰揭秘》，頁22。
32 同上，頁22－23。
33〈侵華日軍在粵進行細菌戰，屠殺香港難民的證言〉，頁16－18。另參見《侵華日軍
　　細菌戰紀實：歷史上被隱瞞的篇章》，頁406－407。
34《粵港1942：南石頭大屠殺》，頁113。
35 同上，頁113－114。
36 同上，頁114。

第三章

南石頭遺址尋訪之發現

一、「波」字第 8604 部隊與細菌戰

沙東迅收到丸山茂的證言後，進行了實地訪查，但有關進行細菌戰的文獻證據依仍然薄弱。稍後，經日本方面提供資訊及再行搜尋檔案，方進一步落實了研究基礎。

日本人糟川良谷先生寄給沙東迅一份日文文件《華南派遣軍「波」字第 8604 部隊戰友名簿》，卷首由「波」字第 8604 部隊戰友會全國大會執行委員本田幸一所書，內文中譯如下：

> 「8601」部隊從創建到由於戰敗而解散歷時七年零兩個月，在此期間服役人員多達 1,100 多人。部隊創建於 1938 年（昭和十三年）9 月 7 日，當時稱為「第 21 野戰防疫部」，以井上少佐為首，部隊長以下約有一百五十人，組建於大阪市。同年 10 月 12 日，在華南「白聊土灣」（原書按：應為大亞灣）與友軍一起登陸……同年 10 月 31 日下午 3 時 30 分，進入省城廣州，在中山大學中山醫學院設置本部，作為華南派遣軍司令部的直轄部隊，兵力逐步增強，開始執行使命，部隊改名為「波」字第 8604 部隊……1945 年（昭和二十年）8 月底解散。在此期間，田中岩、佐々木高行、佐藤俊二、亀沢鹿郎先後任部隊長。除本部外，還將兵力分派到廣東各地及華中徐州、福建省、廣西省、香港（九龍）等地區，本來友軍就是打着為中國人防疫、救護等和平活動的旗號，進行「聖戰」的。[1]

　　此段文字清晰說明了「波」字第 8604 部隊的成立緣起和編制，同時提及部隊存在一項「任務」，並以防疫救護為名，進行「聖戰」。沙東迅在原書中按：「這個『聖戰』就是細菌戰。」[2] 其推論本來僅以丸山茂的證言為基礎，但現在則有其他旁證支持了。

　　糟川良谷另又提供日文書籍《關於防疫給水與香港的衛生行政》，其作者為舊日軍第 23 軍（廣東）司令部軍醫部、「波」字第 8604 部隊隊員、香港佔領地總督部所屬 731 部隊第 3 部部長江口豐潔。書中記述（日本）軍醫學校與各防疫給水部的關係：「在進擊過程中即使能夠得到混入有毒物質或者受細菌污染之懷疑的物品以及患者標本等，也有不少拿不定主意的時候……因此其餘的檢驗只好送往後方機關進行。」[3] 所謂「後方機關」指的是「榮」字第 1644 部隊（南京）和東京的陸軍軍醫學校。[4] 沙東迅結合該軍醫學校校址發現許多人骨的情況，懷疑這些可能便是從廣州運去的中國人屍體，會作為「患者標本」供日方進一步醫學調查。[5]

　　此外，沙東迅在廣州市檔案館查閱敵偽檔案時，發現兩份卷宗，內有兩份不完整的日文統計圖表：一、《廣東省敵地區急性傳染病統計表（1939 年至 1941 年）》（日文），內附《兩廣地區（及港澳）鼠疫疫情一覽表（1867 年至 1929 年）》和《廣西地區急性傳染病統計表（昭和十年、昭和十一年，即 1935 年、1936 年）》（日文）；二、《華南傳染病發生概見圖》（日文），是由「波集防疫」（即「波」字第 8604 集團防疫給水部隊）編印的（見廣州市檔案館館藏地圖「廣西 21 號」）。後來，廣州市檔案館館員找到了此圖的另一半，寫明「昭和十九年（即 1944

年）5 月調製，波集團司令部印刷，波集團司令部編寫真印刷班印刷」。[6]

通過分析此類調查圖表，沙東迅認為「波」字第 8604 部隊對華南地區（主要是廣東、廣西、福建等）的傳染病詳加調查，而其目的，正與部隊防疫和對華南（及港澳）地區進行細菌戰服務關係密切。後來，日本民間調查團看到這張圖表，亦認同其重要性，表示此圖在日本是絕密的，無法審閱，皆拍照將之記錄。[7]

同時，據日本陸上自衞隊衞生學校出版的《大東亞戰爭陸軍衞生史》，「波」字第 8604 部隊在使用原中山大學醫學院作為本部外，其防疫給水部隊還佔據原設在廣州北郊江村（有的資料誤寫為「西村」）的國民黨第四路軍野戰醫院和軍醫學校舊址。「波」字第 8604 部隊防疫給水部隊佔用了原細菌學和解剖學教室，並匆忙地籌建作業室。這支部隊在廣州北郊江村駐紮長約三年，主要從事防疫（偵查水源、收集疫情情報）病源檢驗、驗水、消毒檢診、淨水作業，直接為日本軍隊和日人啤酒工廠服務。此處的主要建築物還在，現由廣州軍區聯勤部所屬的醫院、廣州市戒毒中心等單位使用。[8] 日軍在本部以外，同時也於廣州他處設立分支部隊，同樣從事疫病調查等工作，證實「波」字第 8604 部隊確實如圖表所示，不只據守一處，而是曾於較大範圍內活動，亦吻合沙東迅對部隊任務性質的看法。

沙東迅根據上述資料，嘗試總結「波」字第 8604 部隊的成立目的：1938 年 10 月，日軍侵佔廣州及珠江三角洲地區。不久，即於 1939 年底在廣州編成「波」字第 8604 部隊，對外稱「華南防疫給水部」，是一支為侵粵日軍做防疫給水工作。但實際上則是進行細菌研究和細菌戰的部隊。[9]

二、追蹤南石頭難民收容所

確認「南石頭」的實際地點後，內地學者開始對當地日軍遺址進行研究，首先圍繞的是難民所和檢疫所這兩處地方。

沙東迅與譚元亨兩位學者嘗試尋找關於當年難民收容所的資料。可惜，經過多番考察，廣東省檔案館和廣州市公安局史志辦等處均沒有南石頭難民所的相關記載，不過，學者們還是探查到一些有關難民所前身——「懲戒場」（懲教場）的一些文獻和照片。

懲戒場在南石頭村前。民國元年六月，以鎮南砲台改建。面積四十七畝五分七厘，分內外兩部。外場海岸築碼頭，建洋樓為場長辦公室；內場有會客廳、職員室、警察所。其炊場、浴場、病室、廁所建於犯房外。犯房用井字形，中為運動場，東、西、南、北分建四樓。樓分兩層，統建犯房 304 間，作業工廠測試六座，分科工作。[10]

懲戒場創自民國二年，原就舊日鎮南砲台改築，監房全部採用井字形式。樓分四翼：東、南、西、北。懲戒場場長一員、管理一員、監工四員、看守長一員、工師九員、醫生一員、庶務一員，錄事司事四員、隊長一員、隊員 69 員。[11]

由廣州市公安局史志辦提供的一份文件，即《廣州市政概要》民國十一年四至二十二件，題為《懲戒場沿革及進行概說》[12]，說明了懲戒場的大小規模。沙東迅總結如下：

　　廣州南石頭難民收容所前身是懲戒場，該場建自 1912 年 6 月，河南南石頭炮台舊址改建為懲罰罪犯之所，面積四十七畝多（約 3.1 萬平方米）。場分內外兩部，外場西通河岸，築碼頭以泊輪船。利用原有之深壕厚壁，又於場外四周開闢巡邏路線，鋪水泥路面，共長一千餘尺（約 333 米）。

　　該場於 1913 年開辦，後改名為懲教場，並逐步擴充。該犯房全部用井字形，當中為運動場（原書按：當地人又稱為地堂），東西南北建四樓，樓上樓下兩層，各房建在樓之四翼，成十字型，中隔鐵閘，以便管理，計四樓上下統建犯房 304 間，除暗室不計外，共容 1,000 人左右。1922 年，每月收犯人在 1,200 人以上。內有作業工廠六座，建於犯房四角及兩旁，組織犯人參加勞動生產。[13]

　　另外，兩位學者尋得廣東省檔案館所保存《廣州市公安局 1929 年年刊》，裏面刊有 1929 年懲教場門口、原南石頭村和難民所的全景照片，並以圖向南石西老居民詢問。從訪問中得到的回應表示，日軍佔領此地時的外觀與此照片基本一樣，只是當時的房子比照片更殘破一些。[14]

　　譚元亨按照文件，估算懲戒場可容納的人數，分析道：

　　　　根據上邊的作業人數統計，有 400 人左右。可關犯人的 1,200 人，加上 400 作業人數，則可容 1,600 人，當然，作業的六個工廠，如改成監房，那就是 400 人的數倍。1940 年，由汪精衞在廣州的妻弟陳耀祖與林汝珩、李道

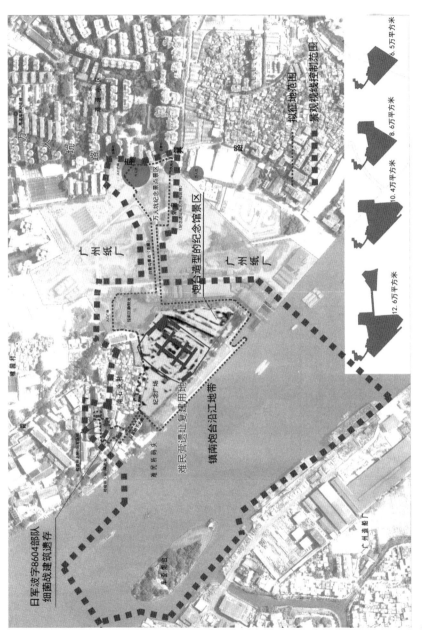

南石頭大屠殺遺址界線俯佈地圖（由楊宏烈、譚元亨、吳樂文製作）

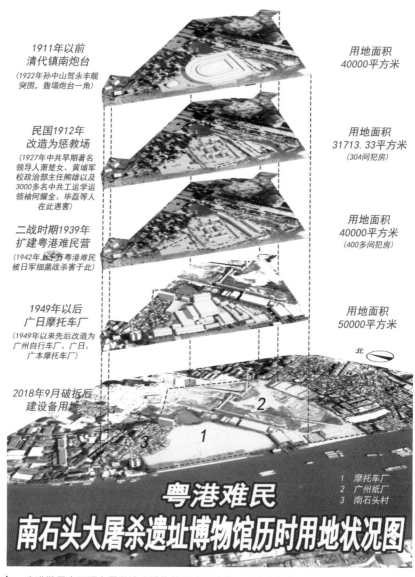

1911年以前
清代镇南炮台
（1922年孙中山驾永丰舰
突围，轰塌炮台一角）

用地面积
40000平方米

民国1912年
改造为惩教场
（1927年中共早期著名
领导人萧楚女、黄埔军
校政治部主任熊雄以及
3000多名中共工运学运
领袖何耀全、毕磊等人
在此遇害）

用地面积
31713.33平方米
（304间犯房）

二战时期1939年
扩建粤港难民营
（1942年大批粤港难民
被日军细菌战杀害于此）

用地面积
40000平方米
（400多间犯房）

1949年以后
广日摩托车厂
（1949年以来先后改造为
广州自行车厂、广日、
广本摩托车厂）

用地面积
50000平方米

2018年9月破拆后
建设备用地

北

1 摩托车厂
2 广州纸厂
3 南石头村

粤港难民
南石头大屠杀遗址博物馆历时用地状况图

粤港難民南石頭大屠殺遺址博物館歷時用地狀況圖（由楊宏烈、譚元亨、吳樂文製作）

軒、彭東原等一道在偽廣東省政府曾議廳開會，於 8 月 8
日，陳耀祖擔任主席，「原則通過」規復懲戒場。[15] 於是，
懲戒場的格局，則由原「井」字，增改為重疊「井」字擴
容近一倍。這一來，僅監房可正常關押的人數，便達 2,000
人左右。[16]

　　此地於 20 世紀 60 年代開始變為廣州自行車廠，由此將原
有的大門、高牆、壕溝、崗樓等悉數拆除，[17] 其後又改為摩托車
集團。[18]

　　綜上所述，「灘石頭」無疑即南石頭，日軍將此地的懲教場
改為難民收容所之用，在佔領廣東期間，收容所裏容納過以千
人計的難民。

三、海港檢疫所

　　在丸山茂的證言中，另外提到了同樣位於南石頭的檢疫
所。[19] 1941 年 4 月，偽廣州市工務局決定收用南石頭部分土地（在
廣州懲教場之北邊）設立粵海港檢疫所。[20] 據《粵海關海港檢疫
所職員表》（中、日、英文）顯示，該所所長是日本人島義雄，
此人曾任台灣總督府醫院院長，醫官五級；還有細菌專家岩瀨祐
一（編按：疑應為「岩瀨祐一」），為台灣前衛生技師，醫官八
級；中日醫官、技術官、獸醫官、檢察員、檢疫員、事務官、僱

員、汽車夫等總共 78 人，其中日本人 12 人、華人 66 人。[21]

周處長再向沙東迅介紹廖季垣先生（時年 77 歲），廖氏在廣東檢疫局業務處退休，年輕時期在偽粵海港檢疫所工作，為檢疫所原九級檢疫員。[22]沙東迅在周處長安排及陪同下與廖季垣訪談。廖氏指他當時只參與過例行的常規檢查（主要是檢查糞便），對象為進入廣州的外來船隻人員，有問題的要留下來，無問題的則讓上岸，此外一無所知，且也從未進入過附近的難民所，不知其情況，據他所言：「當時有日本軍隊駐在那裏，他們攪甚麼工作我沒有詳細了解，但是衛生部隊借的是檢疫所的宿舍，衛生部隊就住在那裏。聽說有讓人餵蚊子的情況。」[23]最後，廖季垣回憶畫出了該所的平面圖，並同意帶沙東迅往舊址考察。[24]

廖季垣帶領沙東迅尋找檢疫所和難民所遺跡，前往南石西小碼頭岸邊。由於環境變遷，加上已有幾十年未再訪該地，故廖季垣當時無法指出實際位置，只知大概是在碼頭岸邊一帶。[25]不過，沙東迅其後竟巧遇新的證人，終能得知兩處遺址的舊址。

沙東迅在岸邊小公園遇見數位老人，遂詢問當年檢疫所和難民收容所的位置。其中世居於南石西的農民吳偉泰指向南邊的工廠辨認說：「這就是難民所，現在是廣州自行車廠。」又指向北邊的地方說：「這一帶就是原來檢疫所的地方。」[26]

兩人提供的證言幫助確認了遺跡的位置。沙東迅問得吳偉泰的地址，經過了解，發現吳偉泰確為當年南石頭情況的少數知情人士。後再幾度尋訪，且經過其介紹，得到機會與更多證人進行訪談。

此後，廖季垣第二次被訪時，補充說：

粵海港檢疫所的上所，上面隱約可見「十」字，應是當年軍醫宿舍。
（編者提供）

　　日軍佔領廣州時，粵海關海港檢疫所除本所在編人員
（有日本人、中國人，主要攬檢疫工作，一般穿西裝、白大
褂）外，還駐有日本衛生部隊的一個班（按：據丸山茂揭
露，這是 8604 部隊本部派來執行細菌戰任務的），七八個
人，有專門的房子給他們住，他們穿軍裝、配有武器，我
看見過兩三個日本兵去撈孑孓蟲、捉蚊子，但他們的工作
對中國人是保密的，所以具體情況我不大了解。

　　檢疫所靠珠江河邊的西南角有一個小門口，日軍衛
生部隊出此門後走一段路從南石頭難民所大門口進入難民
所。他們在難民所幹甚麼對我們中國人也是保密的。[27]

　　廖季垣第一次的證言，大致證實這個海港檢疫所是由日本
人領導，任務是對所有從水路進入廣州的人員進行例行檢疫，

本無可疑之處。不過，其後第二次的訪談，則引出更多疑點。其一，海港檢疫所除普通檢疫人員，尚專門駐有外來的日軍衛生部隊的軍人，但並不與廖季垣等一般人員來往共事；其二，廖季垣曾目睹日本兵進行撈孑孓蟲、捉蚊子的任務，但因事關對中國人保密的工作，因此未知其目的；其三，日軍衛生部隊在南石頭難民所與檢疫所之間往來，同樣沒有透露他們的行動目的。

　　兩位學者通過搜尋文獻及證人，查證丸山茂所指的難民所、檢疫所真貌，除證實兩個設施的存在，證據亦步步指向日軍曾在南石頭進行未向世間公開的任務。

四、細菌戰在「收容所」

　　丸山茂的證言，除了客觀舉證南石頭難民所與檢疫所等設施的存在，更透過陳述其本人及其戰友的場守喜的工作內容，揭示「波」字第 8604 部隊實施細菌戰的行動。此部分證言中譯如下：

　　　　昭和十七年（1942 年）2 月至 5 月，在中國廣東省南石灘（南）石頭難民收容所收容了大批由北路逃往廣州的香港難民。佐藤俊二指揮我們在這些人中間實施細菌行動，具體是由 8604 部隊第一課細菌檢查班的場守喜衛生伍

長負責實施，同時進行一系列實驗，包括使用細菌增菌、對被感染者作大便檢驗、凝聚實驗糖分解等，整個行動由的場守喜直接對佐藤俊二負責。同是第一課的細菌研究班清水伍長可能也參與了行動，我受命於的場守喜。

的場守喜和我同是昭和十三年（1938年）6月應徵入伍的戰友，在調到8604部隊後又一起在細菌檢索班共事；昭和十七年（1942年）4月，我從深圳調回廣州，在南石頭收容所，我們又一起共事了。當時我的工作是採集孑孓，搜集、飼養、繁殖、解剖蚊子等，十分清閒。採夠了孑孓，就到田野去割草、釣魚，然後準備晚餐。

有一天，上級命令對收容所難民作瘧疾驗血，我注意到的場守喜聽到這消息，顯得很擔心。

他說：「不要在收容所吃飯，工作完成後，必須對所有器材進行消毒。」

由於的場守喜的提示，我們知道收容所內充滿了危險。原來的瘧疾調查作業由瘧疾研究班負責，把我從深圳檢索班叫來做這事的理由，是該作業有細菌污染的危險。

對收容所難民進行瘧疾驗血後數日，在宿舍裏，的場守喜在圖表上記了些東西。

「那是甚麼表？」的場守喜被我的高聲嚇了一跳，趕緊把圖表收進抽屜。隨即他把我帶出屋外，走到珠江邊無人的地方，很鄭重地說對我說：「有關圖表的事，以後不要再問了，知道了對你也沒有好處，這事要讓部隊長知道，我和你都不好過。我告訴你我正在做的事情，但為了你自己的安全，這事一輩子都不能說出去。」

「軍方為了保證廣州市區的治安，把來廣州的難民安置在灘（南）石頭的收容所，但由於香港來的難民太多，收容所已人滿為患，命令南水部，用細菌殺死他們。很不幸，任務落到了我的頭上。」

的場守喜直接聽取部隊長的口頭命令，並發誓絕不把事情對外傳揚，小心完成任務。

他首先在收容所內的四個水井裏投放了傷寒菌、副傷寒菌，但由於難民不喝生水也不吃沒煮過、沒炒過的食物，因此，這一計劃沒有成功。

於是，部隊長（佐藤俊二）派飛機去軍醫學校取來腸炎沙門氏菌（副傷寒菌），準備把它們投放到飲用湯中去，具體由的場守喜指導執行。一般來說，腸道系統的細菌怕熱，溫度 45℃ 就會有一半左右死掉，桶裏的湯溫超過 60℃，要降到 45℃ 以下需要很長時間。

往湯桶裏投菌的過程是：在廚房內陰涼的地方，先把湯水裝進預先準備好的桶內，製作一個溫度下降的時間表，測定湯水從鍋倒到桶時的溫度，根據這個表來判斷，晚倒幾分鐘，才是可投放細菌的溫度。

實際作業時間選擇在（偽）省政府職員上班前的早餐時間，利用還不習慣的難民造成混亂，推遲搬入湯水桶，在難民不知不覺中投放細菌。

等水溫降低了再把湯水桶搬進收容所，這一時間不好掌握，可這個方法還是成功了，當晚就出現了患者。腸炎沙門氏菌的死亡率很高，死亡者不斷出現，死者由（偽）省政府負責埋葬，埋葬的地方是採取就地埋葬，在先埋屍

體上不斷重疊放上新來的屍體，到最後，連掩埋屍體的土
也沒有了。」

以上是的場守喜的談話概要。他說，喝了酒也不醉，
在單身宿舍裏睡覺只一味地發着惡夢。還說，對我說了之
後，心裏就好受一點。

由於南水部（原書按：即 8604 部隊）的派遣人員也是
由憲兵隊廚房供應飯食，所以有機會聽到憲兵的談話。其
中一事是這樣，就在我們三人來作瘧疾調查前，有傳言說
要把收容所的二百多難民轉移到北江上游佔領區以外的地
區，聽說給他們發了數量不少的法幣（當時中國政府的紙
幣）、糧食、衣服。被送到佔領區以外的人大概是感染了腸
炎沙門氏菌未發病，或是發了病，但病情較輕而倖免於死
的人們，他們都是「帶菌者」。這是軍方（原書按：日軍）
壞到骨髓的戰法，他們連那些倖存下來的人們都不放過，
把他們當作「菌株」（本書編者按：原稿在旁圈改作「菌
種」）本，在敵方（原書按：中國抗日軍隊）陣地展開細
菌戰。[28]

這段文字十分重要，說明了日軍曾對香港難民使用東京軍
醫學校得來的沙門氏菌（即傷寒菌）作為人體實驗。他們將各
種病菌投放在南石頭難民所的食物中，以達到減少香港難民人
口的目的，同時據說也利用未死去的帶菌者向內地散播疫病。
此任務不為普通人員所知，由部隊隊長直接對負責人的場守喜
下達不留記錄的口頭命令。而且，此「實驗」導致大量難民發
病死亡，偽政府須以密集方式進行土葬，處理屍體、掩蓋罪證。

學者查證丸山茂的證言，將之與日本陸上自衞隊衞生學校編寫的《大東亞戰爭陸軍衞生史》內容對照，認為所述情況幾乎一致。在此書卷七〈第三章：其他參考事項〉「第一節難民的處理」及「第二節屍體的處理」部分，[29] 曾記載內容中譯如下：

在廣州曾發出作戰命令，出動兩個大隊，兩三次調查市內各戶，凡是看到手持空罐、飯碗、餐具，徘徊街頭的遊浪者、乞丐、衣衫襤褸的華人，不管男女老幼，一概押上卡車，送到河南郊外的原刑務所（原書按：即南石頭懲教場）收容，分派一定的工作，由士兵監看一至兩人，合理的釋放，市區附近的主要出口都設有檢查站。嚴禁出入……

在香港，不知採取甚麼方法，市區清查出三百來人，每人派給可吃三頓的糧食、一百日元軍票，然後讓他們乘上大小帆船，疏散到邊（本書編者按：疑為「偏」）遠地區……

霍亂（原書按：1942 年廣州主要是傷寒流行，請看後面的敘述）流行的時候，最棘手的是處理屍體。在廣東，人們都崇尚土葬。當初出於安撫居民的考慮，也保持了街道的整潔，所以選擇遠在河南南邊六公里，離開居民的地方進行土葬，但隨着時間的推移，地方越來越窄小，與此同時，人手和搬運車輛也難以保證，由於所需經費出奇額外的多，不得不改為火葬，再考慮火葬用的燃料（汽油、木柴）也不容易到手，最後決定實施「E 式屍體處理法」，即是用水泥造一個佔地 2.5 平方米（原書按：這個數字有誤，可能應為 25 平方米）高三米餘的無底四角梯形洞，

從上面抬入屍體，讓其自然腐爛。這樣的建築物造了兩個（原書按：即那兩個化骨池）。堆放了 50 至 60 具屍體，過了一段時間，首先使該處的屍體開始腐爛，水分滲透到地下，或者蒸發後，再次堆放 50 至 60 具屍體，這樣交替進行，到最後屍體收放完畢，才封閉上部投入口。正面寫上「無名靈碑」幾個大字，並讓僧侶超渡，從而騙取居民的讚賞。然而，由於順風，附近的村莊經常聞到難以忍受的惡臭，人們十分嫌惡。於是，不能再用此法，必須考慮別的方法。[30]

沙東迅認為，此書中除難民死亡原因不符、難民死亡數字大大地縮小之外，其他大體合乎丸山茂的證言。[31] 至於難民死亡原因不符的一點，沙東迅調查得出結論，認為當年的流行病並非書中所述的「霍亂」，而是如同丸山茂所言的「傷寒病」。

據沙東迅調查所得，在 1941 年和 1946 年，廣州確曾有霍亂病流行，但上述情形發生於 1942 年，其時廣州主要流行傷寒病而非霍亂。作為佐證，沙東迅查閱了兩份文件。其一是當年 8 月偽廣東省衛生處所編印的《廣州市流行時疫症狀及預防法》小冊子，此冊子是為應付流行病而印製並廣發予大眾，其〈卷首語〉中指出：「傷寒、赤痢與流行性感冒、登革熱病等為本市（廣州）最近流行之病症。」其二為同年 10 月，由同一處所發出的公函，內文指：「查（廣州）市內邇來發生腸熱（原書按：即傷寒）、痢症頗多。」兩份文件皆以傷寒病症位列第一，且都未有提到霍亂，說明 1942 年廣州主要嚴重流行的是傷寒而不是霍亂。[32]

　　沙東迅認為這證實丸山茂所言非虛，即：1942 年 2 至 5 月，恰是「波」字第 8604 部隊長佐藤俊二下令用沙門氏菌大批殺害難民時，一方面源於此「計劃」產生大批屍體並只作簡單淺埋，另一方面是由於當時有二百多名帶傷寒菌的難民離開難民所，導致此病的大規模傳染。他指出，兩者的時間、地點、疫情、病症等十分吻合。[33] 同時，通過丸山茂的證言可知，日軍所使用的細菌為（日本）軍醫學校運出的革蘭氏陰性菌（Gram-negative）。沙東迅查證，日方早對腸炎沙門氏菌研究頗深，其中包括革蘭氏陰性菌所造成的食物中毒。日本軍醫學校記載了 1935 年 5 月日本浜松的病發情況，該次事件共有 24 名患者和 40 名死者。又，日本軍醫學校對腸炎（類似傷寒的疾病）做了許多研究，以之為「軍事防疫學」系統的研究課題，也是細菌戰的實際成果之一。[34]

　　沙東迅提出，日軍深知沙門氏菌在細菌戰上的效用。因沙門氏菌的潛伏期會因菌種的不同而有所差異，而病癒者和無症狀者也會繼續保持帶菌狀態。無症狀帶菌狀態，長者可以持續數年。在此期間，病菌一直附着在小腸上。[35] 故沙東迅懷疑日軍有意利用此特性，將帶菌者釋放到中國內地，進行細菌戰。他將此事對照 1942 年 8 月的「浙贛戰役」。此役涉及以 731 部隊為中心的細菌戰聯合部隊，對玉山市附近的中國俘虜（約三千人）及其後方實行細菌戰，通過分發注入傷寒菌的饅頭予俘虜，將他們變成「腸傷寒菌的長期帶菌者」，然後「釋放」他們回到家鄉。[36] 由此，他認為日軍釋放難民二百人之舉或亦抱有同樣目的：欲產生帶菌者，並藉以將感染地區擴大到中國內地國民黨和村鎮中去。[37]

五、難民「收容所」的屍骨

　　查閱抗日戰爭結束後的國民政府文件，從廣州市政府在 1946 年 10 月 13 日至 1948 年 7 月 28 日期間的《衛生局掩埋隊臨時費支付預算》檔卷，可知南石頭難民營確實發現大量骸骨，並最後由廣州市政府遷葬。以下節錄原文文件：

事由：為奉飭據掩埋隊呈復查勘遷葬南石頭難民骨右情形
　　　連同支付預算書估單圖表報請撥款壹叁伍柒零零零
　　　元俾資辦理由
批示：會計實照撥付
擬辦：擬准照撥　　十•十三•

廣州市衛生局　呈　穗衛會字第〇一九三號
中華民國三十六年十月十三日

　　案奉
　　鈞長交下警察局本年八月三十日警總庶字第一二一八號呈略以南石頭懲戒場內於本市淪陷時被敵偽拘禁難民，因飢餓斃命者甚眾，現存白骨纍纍，念此無依情殊可憫，抑且有礙衛生，乞賜轉飭衛生局擇地遷葬，豎碑為記，以慰亡魂等情，當經轉飭所屬掩埋隊從速辦理有案，現據該隊衛掩字第六號呈節稱：職當經本月十六日親赴指定地點切寔查勘該場原日設有大水池兩個，高寬方形約八九尺之譜，敵偽時期將，該池加高牆壁闢作收容難民屍體之用，

現池內確有難民骸骨數百具之多，茲擇定小北外七星崗以作遷葬地點，唯查職隊隊工人數有限，此項遷葬搬運工作，似難兼顧，擬每日僱用臨時日工拾名，工作時間以兩天為限，並在上開墳場豎立一大碑，永遠紀念以慰亡魂，所有遷移掩埋及石碑坭水工料費用，另表呈核，奉飭前因，理合將籌劃擇地遷葬掩埋各緣由，備文呈請察核是否有當？敬候指令祗遵。等情：前來，查遷葬搬運工作，以南石頭距離小北郊外遙遠，該隊原有隊工難以兼顧，須臨時加僱工人式拾名協助，尚屬需要，至所列碑石泥工消耗用具等價格尚稱寔在，合計共需遷葬費壹叁伍柒零零零元，奉令前因，理合將查勘遷葬骸骨情形連同支付預書估單圖表等備文呈請

　　察核，伏乞

　　賜准在本局本年下半年度衛生機關臨時費項下撥款壹叁伍柒零零零元，俾資辦理，並飭財政局從速簽發支令，以免受物價波動影響，寔為公便。

　　謹呈

並有衛生局局長呈交廣州市市長的文件，顯示此事經政府高層落實：

廣州市市長歐陽

　　附呈掩埋隊遷葬南石頭骨石臨時費支付預算書四份估價表壹份圖表壹張。

　　　　　　　　　　　　廣州市衛生局局長米廣陶

從檔案可得知，關於南石頭難民營發現骸骨之事，乃先由警察局呈遞，指於南石頭懲戒場內尋得大量白骨，驗明是遭敵偽政府拘禁的難民死者，出於認為其情可憫，並因衛生理由，請求遷葬立碑。衛生局遣員前往勘察後，查明地點為懲戒場內兩個方型的「大水池」，水池規模約「八九尺」，被建牆加高以容納難民屍體，並核實內有「難民骸骨數百具」。於是，衛生局撥款 1,357,000 元，以供僱用搬運工人及遷葬立碑工具之用。從文件亦辨明，難民屍骸遷葬之處為小北外七星崗。另外，在檔卷中亦見有難民遷葬之碑石設計圖表。

此檔卷內容所反映的，就如同找到的文獻及證言所示，南石頭難民所內確實存在兩個化骨池，堆積其中的骸骨計有幾百之多。

內戰之後，南石頭難民營遺址先後有兩次大規模的骸骨發現，皆因其後在遺址興建的廣州造紙廠進行工程而生。造紙廠分別於 50 年代和 80 年代在廣州南箕路一帶興建職工宿舍，兩次都挖出大量沒有妥善安葬的破碎白骨，據當地人作證，此即從難民所運出的難民屍骸。

梁時暢（時年 72 歲）於 1951 至 1955 年擔任廠基建計劃、調度組組長，見證了挖掘的情況。他向學者提供的資料寫道：

> 1953 年開始在南石頭鄧崗（即現南箕路北段）進行職工住宅工程建設。在平整土地時需大量挖土、運土、填土。當地面有主及無主墳遷移完畢後，開始挖掘，發現南箕路兩側地方，不超過零點五米便有無棺木白骨，零（編按：應為「凌」）亂與殘缺不全（間中有少數是帶有破爛

棺板），成形的肋骨、顱骨很少數，碎骨為數較多。層層
重疊，每層有黃土 30 厘米隔開，混有人骨的厚度從（原書
按：應為「有」）20 至 40 厘米。由地表面深至兩米內，均
見及，分佈不均均，如圖所標。其數量之多，無法估計。
查核屍骨相對集中的原因，系（原書按：應為「此處是」）
軟土較厚的山窩（其他則屬砂質硬土）。由於已經辦妥了地
面上的遷墳手續，對這種零碎不齊全的人骨骼，施工民工
為了不耽誤進度，只作原土處理，運往需要填土的地段，
夯填了事。當時對這些枯骨，曾向老農民了解，是日軍侵
佔廣州後，由附近的懲教場（原書按：當時稱難民收容所）
扛來掩埋的⋯⋯每批次死屍太多，可能來不及挖坑逐個掩
埋，只在屍體上掩上薄土，年年復年年。[38]

同於該時期參與工程的曹秀英亦去信學者，說明所見的情
況，描述與梁時暢一致。其信件指：

我是 1952 年至 1953 年期間在廣州造紙廠基本建設辦
公室土建部門的臨時工人。當時在建造「職工家屬住宅工
程」的施工現場見到平整土地的過程中，由土方工人挖掘
出來的無主屍骨（絕大部分無棺木裝載，直接埋在土壤中，
細骨也成粉碎，只脛骨、顱骨、頭骨成形）由挖土工人集
中堆放，待遷墳工作人員按日清理（有時暴露數天）。至
於如何處理，因不屬於我的工作範圍，未詳細了解。挖掘
出最多的地點，係現在的南箕路東西兩側，其中以現在的
南石頭街辦事處及公安派出所的地段為多。從我只看到局

上圖為 1994 年的梁時暢，身後就是當年挖出大片不明死屍骨的地方。
（圖片來源：譚元亨）

部的估計，不少於 300 至 400 個枯顱（原書按：應為「骷
髏」）頭骨，恐怖而令人寒心。據當地農民說這些骸骨是日
軍佔領時期，由南石頭懲戒場（原書按：即廣州南石頭難
民收容所）方面把死後的屍體搬運到（這）來，挖成大坑
掩埋的。[39]

以上關於第一次挖掘的證言，反映出土骸骨多殘破不全，
並大量堆放在工程範圍內的兩米深土坑內。唯因無法另找安葬
處，最終被工人作為原土處理。

在 1982 年後，造紙廠進行另一次工程。在改建南箕路的
宿舍時，再度挖出大量骸骨，於是對挖掘範圍地底的骸骨作統
計，並出資運到山區安葬。下為此任務的負責人沈時盛所寫的
證言：

　　1982 年以後，我廠在南箕路（南石頭派出所以南）地段，改建宿舍時因挖牆基礎坑，發現成片雜亂的屍骨共約三批，每批約在百具以上。當時在靠近派出所以南第一棟宿舍時挖牆基至一米多時即發現成片屍骨，雜亂散放，無法辨認整具屍骨。當時我們叫民工先用蓆袋裝起，後由廠購買金塔裝殮並由增城臘圃民工隊運回當地山區安放。因無法分清屍骨，只好按頭骨計算數量。以後幾棟宿舍的施工也碰到類似情況，估計運到山區安放的屍骨總數在 300 具以上。

　　這些屍骨據當時一些過路老人稱，是抗戰時期由難民營運來的，因數量太多，所以成堆掩埋，故在施工時發現成片屍骨。現在宿舍下面還有多少沒有被發現的，無法估計。

　　當時挖基礎的民工隊是潮陽縣河浦民工隊，由隊長丁烈典（已病故）和其兄丁烈洲（現在潮陽河浦）指揮民工把屍骨取起來，運到山區則由增城臘圃民工隊曾邱棹和另一姓曾的隊員還有該大隊的賴書記。記得當時還有一批運到太和山區，是太和民工隊運的。這些情況的具體數字和人員僅憑記憶，詳細可到我廠財務部查閱原始記錄。

　　對上述屍骨的確切來源，可找原南石頭村和南箕村年紀較大的人了解，相信可以弄清。以上情況僅供參考。

　　（原書注：本人係當時廠基建辦主任兼黨支部書記，負責與民工隊聯絡運送這些屍骨至山區安放）[40]

　　經以上調查，從當年廣州造紙廠的相關人員口中得知，一部分遺骨運到了廣州郊區太和與增城市小樓鎮秀水村山上安

放。唯其後先後有數批訪者前往尋找，皆因當年經手人不在、具體地址不詳，兼之野外環境變化太大，搜索未果。此情況引起部分人士對此事的疑問。至 1997 年，沙東迅通過沈時盛，成功聯絡到遷葬南箕路骸骨時的經辦人、仍在廣州造紙廠工作的增城市小樓鎮秀水村民工隊長曾丘模，並得對方答允領路，尋找安葬地點。[41]

1997 年 5 月 16 日，曾丘模和當年參與搬運難民骨塔的數位農民帶路，到達名為「馬屎忽」的小山。此地部分表土已被雨水沖去，顯露了成排的骨塔，部分骨塔有蓋子破裂、屍骨露出的情況。沙東迅觀察到骨塔的形狀為廣東常見，體積亦較大，上口直徑約 24 厘米，腰身直徑 30 厘米，高約 60 厘米。[42] 曾丘模介紹說，每個骨塔可放兩至三人的屍骨。[43]

曾丘模撰寫證言清晰說明前因後果，並簽名作實。下引證言全文：

最近十多年來，增城小樓鎮秀水村派我到廣州造紙廠，負責基建工程運輸（民工均為秀水村人）。20 世紀 80 年代初，廣州造紙廠在南箕路建職工宿舍挖地基時發現大量無主、無棺木的大小屍骨。當時聽當地老人說，這些死難者是從附近的、日佔時期叫做廣州南石頭的難民收容所（現在叫廣州摩托車集團公司）運來南箕路安葬的。

1985 年 8 月 20 日廣州造紙廠基建辦負責人沈時盛書記叫我同秀水村幹部商量，把這些無主屍骨運到秀水村找一個山崗安放，以人頭骨計，每個骨頭（原書按：應為人頭骨）以十五元計作案方費。我就立即打電話與秀水村幹

部商量。我們村幹部同意將這批無主屍骨運到（馬屎忽）安放。

1985 年 8 月 21 日上午我派六名民工把 310 個骨頭（原書按：應為人頭骨）用紙廠買來的骨塔（又叫金塔）裝了一百多罐，用東風牌汽車運到增城縣小樓鎮馬屎忽安放至今。

1997 年 5 月 16 日我帶了廣東省社會科學院歷史所沙東迅教授和中央電視台、廣東電視台以及當時參加搬骨塔上山安放的幹部、村民一齊到馬屎忽山崗找到了安放十多年的無主難民屍骨，並拍攝了電視和照片。[44]

而當年曾參與搬運工作的曾維叁等四人也寫了證明材料。[45]

此行證實前述廣州造紙廠的證人所言不虛，也加以落實當年第二次挖掘時發現的屍骨約數，僅以可辨認出的頭骨計，至少有 310 具遺體。

此外，在蒐集證言時，學者沙東迅在南箕村找到證人黃有（時年 68 歲）。他對於南石頭難民骸骨的遭遇、變遷歷歷在目。從當年日軍侵華、戰後目睹化骨池的建成，到兩度發掘出骸骨的過程，都有所了解。故特在此引用其證言。黃有的證言說：

1942 年初（冬天，天氣很冷），有許多香港難民坐船返廣州，先在檢疫所檢驗，結果大部分難民被收入難民收容所（即：以前的懲教場），不久許多難民病死，有六個抬屍人（我認識其中一個，已逝世），用帆布床抬屍出來，在當時叫作教練所附近（原書按：即現南石頭派出所南邊），

每次一至三具屍體，男女老幼都有，有的嘴巴還會動，埋斷氣的也都一起埋了。每次挖一個坑，疊起來埋六七具屍體，之後又在旁邊挖坑，周圍都挖滿了，大約有成千具屍體，沿路長有一百多米，寬有二十米左右，都埋了屍體，難民所的難民基本死光了。解放後難民所已空空如也，無人管，我們在難民所裏面的路上曬穀，見到一個水泥池（無水的，四至五米長寬）（原書按：即化骨池）裏面許多人頭骨和骨頭，非常可怕。1953 至 1954 年廣州造紙廠起平房宿舍（即南箕路東邊、南石頭街派出所以南）時，挖出許多骨頭，用金塔裝起來運到別的地方去安葬（不知在哪裏）。從現在南石頭街派出所算起，以南 80 至 100 米遠都有屍骨挖出來。1982 年後拆平房起樓房，挖牆基時又挖出許多人骨頭。這些屍體百分之九十以上是從難民所搬出來的。因為那裏是平地積水，所以當地人過世不會埋葬到那裏。以前槍斃的也不是葬在那裏。[46]

黃有特別提到由於南箕路有平地積水的問題，當地政府和平民本來都避免在該處下葬。此背景資料使一點變得明瞭，即該處經年累積的大量屍骸，並無可能是作為墳場之故。有理由相信屍骸均是在日佔期間死亡的難民，被亂葬於此。

在了解上述情況後，學者設法尋找知情的南石西居民及難民等證人，以作深入查核丸山茂證言中有關細菌戰的具體部分，試圖重組難民當年在收容所與檢疫所中的遭遇。

其中，上述提及過的南石西居民吳偉泰提供了一段證言，點出當年南石頭的人們從外部看見難民的經歷片段。吳偉泰

指出：

> 日軍佔領廣州後，把懲教所改為難民所，（所內）男女
> 老少都有，人數很多。日軍不讓難民進入廣州市區。大門
> 口有衛兵守衛，不讓難民隨便出入，也不准外人進入。難
> 民的生活很苦，每日只有三兩米，年輕的還要種菜、種水
> 稻等。難民中常常餓死、病死好多人，起初，日軍把難民
> 的屍體集中到一大土坑裏（原書按：應為化屍池），想用硫
> 酸之類的藥水化掉這些屍體，但沒有成功，屍體的氣味很
> 臭，大風一吹過，我們就聞到一股很腐臭難聞的氣味，晚
> 上還會見着磷光。[47]

這段證言提供一個有距離的觀察者角度，除給予了研究者
文獻之外的資訊，也支持了丸山茂及書籍所提到的情況，包括
難民受到的待遇及面臨的結局。

隨着研究進展，學者得到更多協助，除了通過知情人介
紹，以聚集證人的證詞，也曾作上門訪問，甚至收到證人主動
來函！最讓人感到欣慰的，便是尋得當年曾是廣州難民的倖存
者。從他們口中獲得的口述資料頗豐，致使研究能深入到文字
記載所未揭露之處。這些訪問，正是由沙東迅聯絡吳偉泰、居
中找到幾位老人，到召開座談會進行訪談開始的。[48]

六、「廣東省立傳染病院」及其「防疫報告」

　　因應湖南文理學院日軍華南細菌戰研究中心的邀請，2019年6月9日，王利文、譚元亨及吳軍捷到達該學院所在地常德；6月10日，與該中心主任陳致遠教授等展開座談。7月1日，譚元亨等人再次應陳致遠教授邀請，在7月2日到該學院與同時到達的日本反戰人士和田千代子等人交流；7月3日，更查找出多篇與廣東、海南相關的日軍作為「研究成果」的論文。其中有日陸軍大尉丘村弘造（原「波」字8404部隊成員）論文《廣東華人霍亂患者之調查研究》，共60頁；由中佐渡邊建，栗田吉榮所撰《急性霍亂死亡及戰地霍亂症狀》，以及曾在《大東亞戰爭陸軍衛生史》上專章寫有粵港細菌戰的江口豐潔，其關於東莞虎門竹溪鄉防疫報告手稿影本以及多篇文獻資料。[49] 至11月，譚元亨等人經多番視察後，取得新的發現。[50]

　　湖南常德的湖南文理學院日軍華南細菌戰研究中心的《日本陸軍軍醫學校防疫報告》，成為證實日軍惡行的重要文件。其中第七部第676號是由「波」字8604部隊軍醫大尉丘村弘造編寫的長篇文稿《廣東華人霍亂患者之調查研究》。在這篇文稿中，我們能找到有關香港難民進入河南（廣州市珠江南岸的俗稱，今海珠區）的相關資訊。

　　該報告稱，為了對疫情進行調查研究，早在1941年——也就是在日軍發動太平洋戰爭前夕，便在廣州河南設立了廣東

省立傳染病院，專門收容患了霍亂的香港難民。從設立的時間可見，這是為日軍南進、攻打香港的作戰準備。

在廣東省檔案館亦有相關檔案記錄。[51] 早在 1929 年，廣州市衛生部門同時在南石頭、黃埔建立了兩棟一模一樣的樓房，用於隔離檢疫後留下的患者。現南石頭那棟尚在，並掛上了「文物登記號」。1995 年 7 月，丸山茂曾來此地指證了這一棟建築，當年在南石頭登陸進行檢疫的香港難民，如被查出有傳染病，就會被分流到了這棟樓，予以隔離。難民一個個被按倒在地，用玻璃管插入肛門拿取糞便檢驗。檢驗沒問題者則去了難民收容所。

但這隔離樓並非完全的醫院。可惜，丸山茂沒能帶調研者往該樓後方的山坡上走，而當時不少人也都忽略了。直到後來，譚元亨進行視察時才聽南石西村民反映，後方還有一組樓群，最大的一棟樓上還有一個很大的紅十字，此紅十字仍可以辨認出來。村民稱，過去稱那裏為「日軍醫院」。主樓兩層，約有七八百平米，而拐彎在坡下的隔離室，則有四百平米左右。村民稱，那時日常可見穿白大褂的日本軍醫出入。[52]

但僅這棟樓房及平房，其規模顯然不足成為「傳染病院」；過去則一直視為海港檢疫所部分，或為日本軍醫的住所。被送進傳染病院的香港難民，僅記錄下的就有近 2,000 人，有的甚至在病院中逗留長達一兩個月。因此，病院如此小的容量，不可能容納陸續送來的人住下，但可以認定「日軍醫院」也有染病的日本兵就近焚化 —— 而倖存者指證的焚化爐就在這裏不遠。據史載，日方依其傳統方式，士兵染病後死亡的，均採取這一方式處理。[53]

　　傳染病院的線索，分明就在江邊碼頭、將難民分流之處不遠的地方。但如果找不到舊址 —— 無論存在還是已消失，均無法證明這也是傳染病院的一部分。

　　南石頭位處海珠區，是香港難民登岸的地方，而該傳染病院更是日軍所設立，兩者距離如此之近，明顯是方便提供大量可供實驗、能即時被隔離的霍亂患者。

　　再看其「防疫報告」，有進一步的證明。這份研究報告稱，其研究內容是針對為何日軍攻陷廣東後，年年都會發生霍亂，報告中稱，日本軍隊經過研究，最終得出結論：其原因在於，香港難民回到了廣東之後，才出現有大規模的霍亂患者 ——也就是說，香港難民是廣東出現大規模霍亂的源頭。該報告還稱，為了確保廣州市內住民的生命以及治安，故採取了針對霍亂病的行動，日軍隨軍的醫生及日本專家為避免霍亂再大規模爆發，實行醫療救治，從而限制受感染人數，查出病源。為此，在河南（今海珠區）甚至設立了廣東省立傳染病院，對粵港難民患霍亂者「集中治療」。

　　可見，設立廣東省立傳染病院，則是專門收容感染了霍亂的香港難民 —— 報告中並不曾掩飾，這個傳染病院是專門收容「感染了霍亂的香港難民」的。這些香港難民，基本上便是來自被攔截在南石頭水面上的難民船 —— 大的可載 800 人的日輪白銀丸，小的可載近百人的「大眼雞」船。據當時一位順德菜農梁明所寫證言，他親眼所見，南石頭水面上被攔截的大小船隻一度達七八百艘。

　　現在已經很清楚，這個「傳染病院」就是在南石頭一側、粵海關檢疫所的後方，被當地村民稱之為「日軍醫院」。它又被

稱之為「上所」，在與「下所」的「隔離室」大約 100 米的山坡上。

日本老兵丸山茂於 1991 年日本雜誌《短歌草原》連載的文章及系列錄音中揭發，正是「波」字 8604 部隊長佐藤俊二見香港難民前往廣州的人數日益增多，而軍部又堅拒難民進入廣州，於是便在南石頭進行攔截，在難民所及的地方，投放他專門從東京陸軍軍醫學院運來的沙門氏菌。難民死亡率從 20% 一下子提升到了 40%－60%，從而使所有香港難民無法進入廣州。

日本老兵丸山茂證言又可見：

> 最先開始從這裏在水井中投放傷寒菌或者瘧疾傷寒菌，但是沒有效果。因為中國人不吃生食，只喝開水，只吃炒的食物。所以，投放到水井中的細菌沒發揮效果。[54]

即使這樣，難民還在定向增加。部隊長佐藤俊二遂引入最好效果的病原菌。根據當年奉命撒放細菌日軍伍長的場守喜指，撒放這種細菌後的當天傍晚就出現了死亡者。[55]

該「報告」以海量的患者人選所得出的研究，確立了一共十項的醫學成果。其中主要研究的是，霍亂菌的生存能力為人體胃酸影響所至，並稱可通過肉眼觀看喉嚨便可得知。

報告第三章列出了昭和十七年（即 1942 年）2 月至 9 月間患者總數為 579 名，其中男 217 名、女 292 名。然後又分年齡段，每十歲為一組，從 1 歲至 90 歲共九組。

其中，1 至 10 歲，男的死亡率為 56.3%，女為 66.7%；而 71 至 80 歲為 71.4%，之後便為 100%；31 至 40 歲的有 125 名；21 至 30 歲的為 114 名；1 至 10 歲與 61 至 70 歲的死亡率最高，

達 60－70%。超過 40 歲後的，死亡率明顯急劇增加。其他則為
40－70% 之間。死亡人數並為 245 人，即 40% 上下，死亡者集
中於 7 月，為溫度較高的季節。故研究認為，霍亂菌死亡與溫
度關聯最大，而與性別關係不大。如患者腹瀉嚴重，死亡率可
達 40%；有嘔吐時，死亡率更達 57.1%。患者一天嘔吐五次的
死亡率佔 24.7%……還有 52.2% 患者發生痙攣：上肢痙攣的有
31.8%，下肢痙攣的有 47.8%，上下肢都有痙攣的則有 20.4%。[56]

　　防疫報告認為，死亡率與氣溫升高關聯度很大。7 至 9 月
份，有時甚至達 90%。現在佛山的難民馮奇稱，難民所在香港
淪陷前，廣州難民每天死亡的人數為 20 至 30 人。淪陷後，到
來的香港難民死亡則過百人，風雨天則好幾百人。

　　1942 年 2 月，正是佐藤俊二投菌之後。這項投菌的任務一
直持續到丸山茂離開的八九月還在進行。

　　報告第二章的第三節「檢查成績」中提到，香港難民在患
病前，均處於飢餓狀態。這說明，難民可能在難民船上羈留較
長時間，船上的飲食供應非常惡劣，只能靠難民所提供的「味
粥」（顯然已投放了病菌）充飢，有時會有小販被允許上船或在
船上銷售食品。

　　還有一種可能是，部分難民已經進入了難民所、被「抽查」
出來的，或者已在檢疫所中密封間中餵過蚊子，所以才會處於
飢餓狀態，營養不良。

　　報告中稱，香港難民患者中，有 90.1% 營養不良，這證明
前邊所說的，在入院前，他們已羈留有相當的時間了。畢竟，
香港—廣州的輪船航班是朝發夕至的，僅僅一個白天，是不至
於導致「營養不良」的。

　　然而，報告中稱，營養不良正是成為死亡率最高的原因。當然，這批患者在「入院」前已是患病了，營養不良則加大了死亡率，畢竟飢餓降低了抵抗力。憑此，不難解釋，沒有進入傳染病院的香港難民，去了難民所後，死亡率會更高，他們不僅僅是被餓死的，而是被毒菌殺死的。

　　報告中還稱，「入院」時患者意識不清醒的佔 16.2%，完全不清醒的佔 5.2%，後者死亡率高達 69%。顯然，如僅僅一天前甚至是十個小時左右前上船離港至「入院」的難民患者，是不會有這麼大比例「不清醒」的 —— 二者加起來佔了五分一之多！

　　在報告第六章中，一開頭便提到併發症患者會有薄膜炎、黃疸、膽囊炎、肺壞疽等癥狀。昭和十七年 2 月至 8 月 10 日，患者有 1,800 名，他們均有各種不同的併發症，進一步引證日軍投毒行為。

　　報告第七章第一節，則有提及：「本年度廣東省立傳染病院所收容的患者數有 1,939 名」；第四節則又提到昭和十七年度收容情況：「霍亂患者 1,010 名，細菌排泄時間最短為兩日，最長為 99 日，其平均時間為 6.6 日，這其中，一半患者（50.7%）的細菌消失日為五天以內。」[57] 也就是說，僅昭和十七年一年，被「傳染病院」收容的難民至少有 1,939 名。這近二千人中，死亡率至少在 40－50% 左右，也就有近千人 ——「退院」者的死活，則不得而知。但這僅僅是 1942 年的數據。

　　平心而論，上述近 60 頁的「防疫報告」，從研究的角度上，是細緻嚴謹的，分類很是清晰。報告中認為，霍亂菌的存活與人的胃酸相關，故可通過喉嚨探視得知。他們用了 151 名患者

與 10 名帶菌者進行過胃液採集實驗。報告列出了十個主要研究
成果，稱研究出了霍亂菌的生存主要與胃液相關，並稱通過這
找出了治療霍亂的方法。

　　報告稱，若能增加胃酸再加上藥物治療，疫情便是可控的
了；並得出結論：霍亂可治，因此若有疫情爆發，務必設立一
所隔離醫院。丸山茂在 1993 年的錄影中提及，珠江水裏，用顯
微鏡便可以確認有霍亂菌「群聚蠕動」。難民所的水溝是直通江
岸流入的，的場守喜之前還在難民所的四個水井裏投放過細菌。

　　由於軍部命令，佐藤俊二到東京取菌、的場守喜等直接向
難民食用的「味粥」中投菌，再引發大規模死亡這一「流程」，
在日軍內部也是絕密的。因此，我們認為，這份報告關於疫情
原因的說法，顯然是在不知情的情況下認定的，而 1,939 名患
者，也僅是上成千上萬名死難者中的幾十分之一。我們聽到
七八百艘難民船被攔截在南石頭，一輛又一輛軍車把在廣州搜
出的「漏網」的香港難民運到南石頭，其數量之大，可想而知
是驚人的。

　　報告中出現的數據僅僅是 1942 年日軍的「廣東省立傳染病
院」的數字，丸山茂證言中，還提到的場守喜製作了各種報表，
包括投菌時溫度變化的曲線，顯然，這也是所謂的實驗統計、
「純病理分析研究」之中的一部分。由此可見，從難民船及難民
所，到檢疫所，再進入所謂「省立傳染病院」，是經過精心策
劃的。

注釋

1 本田幸一著，沙東迅、易雪顏譯：《華南派遣軍「波」字第 8604 部隊戰友名簿》（日文），1985 年秋印，未刊稿。名簿內容轉引自沙東迅：《侵華日軍在粵細菌戰和毒氣戰揭秘》（廣州：廣東高等教育出版社，2015），頁 24－26。

2 《侵華日軍在粵細菌戰和毒氣戰揭秘》，頁 26。

3 江口豐潔著，沙東迅、易雪顏譯：〈關於防疫給水與香港的衛生行政〉，載《大東亞戰爭陸軍衛生史》卷七（東京：陸上自衛隊衛生學校，1969 年），中文未刊稿。內容轉引自《侵華日軍在粵細菌戰和毒氣戰揭秘》，頁 27。

4 《侵華日軍在粵細菌戰和毒氣戰揭秘》，頁 27。

5 原文指：「近來在該軍醫學校校址發現許多人骨，這正是從廣州運來的所謂中國人的『患者標本』，這是不可否認的事實。」，見《侵華日軍在粵細菌戰和毒氣戰揭秘》，頁 27。

6 《侵華日軍在粵細菌戰和毒氣戰揭秘》，頁 30－31。圖表均為日文，存廣州市檔案館館藏地圖廣西 21 號。

7 《侵華日軍在粵細菌戰和毒氣戰揭秘》，頁 31－32。

8 同上，頁 32－33。

9 同上，頁 26。

10 黃任恒編：〈建置〉，《番禺河南小志》（廣州：廣東人民出版社，2012），頁 43－44。

11 同上。

12 廣州市政廳編：〈懲戒場沿革及進行解說〉，載《廣州市政改要》（1922）。見《侵華日軍在粵細菌戰和毒氣戰揭秘》，頁 37；又參見譚元亨：《粵港 1942：南石頭大屠殺》（北京：西苑出版社，2015），頁 121。

13 《侵華日軍在粵細菌戰和毒氣戰揭秘》，頁 35。

14 見《侵華日軍在粵細菌戰和毒氣戰揭秘》，頁 35，又參見《粵港 1942：南石頭大屠殺》，頁 185。

15 詳見 1940 年 8 月版《廣東省政府公報》第四期，錄第 20 次省務會議決議：「原則上通過廣東省警務處處長李道軒呈請在廣州南石頭營址恢復懲教場，經費由財政廳納入本年全年度預算內籌集。」轉引自《粵港 1942：南石頭大屠殺》，頁 185。參見《侵華日軍在粵細菌戰和毒氣戰揭秘》，頁 36。

16 《粵港 1942：南石頭大屠殺》，頁 122。

17 同上，頁 185。

18 《侵華日軍在粵細菌戰和毒氣戰揭秘》，頁 36。

19 沙東迅查閱資料，得知在 1941 年 4 月，偽廣州市工務局決定使用南石頭（珠江河畔，在廣州懲教所之北）部分土地設立偽粵海關海港檢疫所。詳見廣州市檔案館敵偽三十三宗，第一至五二三卷，資料轉引自《侵華日軍在粵細菌戰和毒氣戰揭秘》，頁 37。又，譚元亨引用卷號偽三十二宗，第一至五二二卷，參見《粵港 1942：南石頭大屠殺》，頁 185。

20 參譚元亨：《日軍華南細菌實驗地南石頭的調查報告》（內部文件）。另見《侵華日軍在粵細菌戰和毒氣戰揭秘》，頁 37。

21 《粵海關海港幛疫所職員表》，存南京中國第二歷史檔案館，卷號六七九至一三三八。轉引自《侵華日軍在粵細菌戰和毒氣戰揭秘》，頁 37－38。又，譚元亨引用卷號第六七九至一三三八，參見《粵港 1942：南石頭大屠殺》，頁 185。

22 《侵華日軍在粵細菌戰和毒氣戰揭秘》，頁 38。

23 沙東迅記錄：〈廖季垣的談話記錄〉。

24 《侵華日軍在粵細菌戰和毒氣戰揭秘》，頁 38－39。

25 同上，頁 51。

26 同上，頁 51－52。

27 沙東迅記錄：〈廖季垣的談話記錄〉，轉引自《侵華日軍在粵細菌戰和毒氣戰揭秘》，頁 39－40。

28 〈侵華日軍在粵進行細菌戰，屠殺香港難民的證言〉，頁 16-17。另參見《侵華日軍細菌戰紀實：歷史上被隱瞞的篇章》，頁 406－408。

29 《侵華日軍在粵細菌戰和毒氣戰揭秘》，頁 27。

30 《大東亞戰爭陸軍衛生史》卷七，轉引自《侵華日軍在粵細菌戰和毒氣戰揭秘》，頁 58－59。

31 《侵華日軍在粵細菌戰和毒氣戰揭秘》，頁 59。

32 （偽）廣東省衛生處：《廣州市流行時疫症狀及預防法》（1942 年 8 月）；1942 年 10 月的公函，存廣州市檔案館敵偽三十三宗第一至九四一卷，轉引自《侵華日軍在粵細菌戰和毒氣戰揭秘》，頁 59－60。

33 《侵華日軍在粵細菌戰和毒氣戰揭秘》，頁 60。

34 同上，頁 28。

35 同上，頁 29。

36 事見《侵華日軍細菌戰紀實：歷史上被隱瞞的篇章》，轉引自《侵華日軍在粵細菌戰和毒氣戰揭秘》，頁 29。

37 《侵華日軍在粵細菌戰和毒氣戰揭秘》，頁 29。

38 由梁時暢提供的資料，轉引自《侵華日軍在粵細菌戰和毒氣戰揭秘》，頁 74－75。參見《粵港 1942：南石頭大屠殺》，頁 149－150。

39 〈曹秀英的來信〉，轉引自《侵華日軍在粵細菌戰和毒氣戰揭秘》，頁 76－77。

40 由沈時盛提供的資料，轉引自《粵港 1942：南石頭大屠殺》，頁 146－147。參見《侵華日軍在粵細菌戰和毒氣戰揭秘》，頁 77。

41 《侵華日軍在粵細菌戰和毒氣戰揭秘》，頁 156。

42 同上，頁 157－158。

43 同上，頁 158。

44 曾丘模的證言，轉引自《侵華日軍在粵細菌戰和毒氣戰揭秘》，頁 159－160。

45 《侵華日軍在粵細菌戰和毒氣戰揭秘》，頁 160。

46 沙東迅記錄：〈訪問黃有的記錄〉，轉引自《侵華日軍在粵細菌戰和毒氣戰揭秘》，頁 72－73。

47 沙東迅記錄：〈吳偉泰的談話〉，轉引自《侵華日軍在粵細菌戰和毒氣戰揭秘》，頁 52。

48 《侵華日軍在粵細菌戰和毒氣戰揭秘》，頁 52。

49 譚元亨：〈侵華日軍細菌戰罪行又一重大發現：將香港難民當實驗品的日偽「省立傳染病院」的調研報告〉（見附件十一）。

50 同上。

51 同上。

52 同上。

53 同上。

54 同上。

55 同上。

56 同上。

57 同上。

第四章

「波」字 8604 部隊與
南石頭細菌戰疑團

一、第一次座談會的口述歷史

　　沙東迅在南石西找到知情者後，學者相繼展開訪問，其口述歷史研究成果之後於報章刊行發佈，即引來更多人士主動告知當年情況，提供了寶貴資訊，有助加快浮現南石頭事件真貌。

　　在最初進行的座談會上，以南石西居民蕭錚（時年 63 歲）為最重要證人之一。他進過難民所數年，除觀察到內部情況，更曾被抓到檢疫所內，故對當年日軍的行動有較深了解。此節將以其證言為主軸，介紹種種相關證言。

　　蕭錚為南石頭本地人，但當年因家貧，聽說難民所裏有口飯吃，父親便帶着他與弟妹一同自願前往。[1] 他們在 1942 至 1946 年間均在難民所中，蕭錚進營時年約十歲。[2]

　　談及日軍侵粵期間難民所及南石頭周邊的變化，蕭錚指出：

> 1938 年 10 月，日軍侵佔廣州前，1938 至 1939 年的南石頭懲教場是空的，無人管理。1939 年日軍來了，用葵葉、竹子蓋上蓋（多是兩層樓，以前做監獄）。把廣州市內無家可歸的乞丐、苦力拉進來……當時廣州造紙廠也被日軍霸佔了，還拉了有電的鐵絲網，很多難民逃走時，被電死不少……大約 1941 年底至 1942 年初，港九難民回到廣州，懲教場改稱為廣東省賑務分會南石頭難民所，1944 年又將名稱改為「廣州市南石頭難民收容所」。1929 年照的大門口照片到 40 年代還是一樣，上面有國民黨黨徽和「懲

教場」二個字。到新中國成立後大門才有所改變。[3]

後來，蕭錚試畫了一幅難民所平面示意圖。方便介紹難民所內情況。[4]

蕭錚又描述難民所內的生活：

> 1942年前收容所有日本人，1942年後沒有日本人。日軍殺人不見血，生病無人看，天冷無衣着，吃又吃不飽，生活很悲慘。1942年許多香港難民坐船回來，天氣很冷，這一年是難民死亡的最高峰，可能有瘟疫。香港回來的難民不讓自由出入，我們可以自由出入，要去種田、種菜。[5]

此證言指出難民所生活艱辛，且正逢香港難民來到的時候，死亡人數達到最高，可能有「瘟疫」。他也指出了，香港難民受到的待遇和包括他本人在內的當地難民不同。除具體舉出死亡人數外，他也談到偽政府對屍體的處理，從中可見難民死亡狀況之嚴重：

> 當時難民所每日死40至50人，內有兩個化屍池並排在一起，每個約二十平方米，高五至六米，把屍體放下去，再把石灰、藥水放進去，南石頭全村都聞着屍臭味，後來封了化骨池。開始有一部雙輪車運屍體，後主要用帆布床抬出去，每次抬一至三具屍體不等；有的還沒死，嘴巴還會動的，也抬去埋了。抬屍從大門口出，經過棟園村現廣州造紙廠三抄車間邊，再經現紙廠大門口到南箕路現

南石頭派出所附近山崗上埋葬。有的埋得不深，被野狗咬出手、足的也有，那裏流出的水是黑色的。抬屍人有蕭秋、布賢，還有外號叫「發瘋佬」的，蕭有也抬過，但時間不長，我父蕭蘇也抬過。這六個抬屍人均已過世……幾年間，難民所大概死了三幾萬人，大部分香港難民都死了，到 1944 年死人少了，1946 年難民所無人管，自由出入。[6]

蕭錚提及的難民所化骨池，以及後來改於南箕路附近山崗的安葬地點，與上一章的文獻互相呼應，也與多位證人的記憶相同。以下將引錄數人證言。

棣園居民、廣州造紙廠退休工人何金（時年 77 歲）說：

1942 年，我父親因為爛腳，被強迫拉入南石頭難民所檢疫，第二天就死了。我們花了錢進難民所化骨池找我父親屍體，化骨池有兩個，孖（原書按：相連成對之意）着，每個約二十平方米、幾米深。我翻開六個屍體才找到我父親的屍體，然後運回廣州石溪老家安葬……我村有幾個人死在裏面。難民死了都埋在南箕路，當時挖坑，屍體疊滿了就填土，有的還沒死也埋了，男女老少都有。估計埋了幾千人。南箕路西邊原是田地，很少屍骨、人頭骨；東邊埋得多，都是無棺材的。解放後建平房宿舍時，挖出許多骨頭，將骨頭運到燕子崗沙溪萬人墳場，現在那裏已建了樓房。我原是廣州造紙廠攬房管的，我們在南箕路東邊清渠道時，挖偏些就會挖出屍骨、人頭骨。[7]

另一證人吳偉泰則說：

後來收容所僱用一些人搬運未化的屍體到東南邊廣州造紙廠附近的山坡上掩埋，屍體疊了一層又一層，然後用泥土掩埋起來。我村有一人為生活所迫，被僱用去搬運和掩埋難民的屍體，每日賺一些米。此人已八十多歲，逝世一年多了。當天下雨時，經過山坡屍體堆上流出來的水都是黑色的，這些水很肥，附近的水稻、蔬菜、草不用下肥料，都長得很好，特別墨綠、茂盛。這一帶現在都蓋了樓房和廠房了。[8]

棣園村農民范有生就說：

我看見抬屍人有四至六人，用帆布抬一個屍體，有時抬兩三個一起埋了。抬屍人中有個叫蕭秋，去年已死了。抬屍要從難民所經過棣園，再經紙廠到南箕路（即南石頭街派出所附近）埋，大約一千米，中間要休息一次。[9]

第一位證人蕭錚提到南石頭事件其中一個很重要的部分，就是他曾親歷被抓進檢疫所的情況，證言反映日軍疑似在難民身上使用細菌：

當時日軍就抓人去檢疫所，打屁股針。然後又用細菌，用玻璃杯罩住一些蚊蟲，放在大腿上咬。然後抽血檢驗，抽完又打針。有很多人都逃跑了。我當時是小孩，就

被抓到檢疫所，關在一個房間裏。我們知道那些下水道的
位置，所以才逃脱了。[10]

蕭錚被日軍帶到檢疫所後，日軍割開他的左腳踝，並且注
射某種藥水。沒過多久，蕭錚發現自己的腳踝開始潰爛。當時
一同被抓進來的，還有蕭錚的同村兄弟蕭樹。他們意識到如果
不逃走就會死在這裏。好在兩人是本地人，熟悉附近的地形，
知道檢疫所有一條秘密的地道，便偷偷從中逃了出來。[11]受訪
時，蕭錚曾說：「那些香港難民不熟悉地形，他們逃不出來。」
他的左腳後來痊癒，留下一個疤痕。但從此走路有些跛腳，至
今每當天氣變化，舊傷處必疼痛難忍。[12]

蕭錚提及之同村兄弟，疑即南石西村另一名受訪村民蕭永
光之亡弟。蕭永光接受記者採訪時說：

> 日本人侵華時，1939年成立廣東省難民收容所，收的
> 是乞丐，穿爛衫、睡街邊的，就被日本人用大軍車抓進來，
> 其實就是集中營。我的弟弟蕭樹，在1941年9月上旬，兩
> 個戴帽穿白大褂的日本兵把他拖入檢疫所，他當時只有九
> 歲，關了九天九夜，到第十日大約凌晨兩點，他鑽水渠逃了
> 出來，到了天亮帶他去鄰村裏治療。在南箕治療三個多月，
> 根據那些中醫說他毒氣攻心、紅腫，面目很腫。[13]

此證言與蕭錚的說法一致，並反映了蕭樹與蕭錚一樣，進
入檢疫所接受過注射後，都曾患上疾病。

對於日軍搜集蚊蟲、再讓難民供其叮咬的行動，許多證人

未有親身經歷，但都認識有此遭遇的熟人或有所聽聞，表明此
事當年在南石頭可算眾所周知。

前述吳偉泰說：「日軍侵佔此地時我已十幾歲，見到和聽到
一些事情。在日軍佔領廣州後第四年（1942 年），我親眼見到
日本兵在稻田中用紗布袋撈孑孓蟲（未成蚊子的蟲），又找人先
給飯食後餵蚊子，然後抽蚊血來做試驗。」[14] 他有一位姐夫被捉
進檢疫所，遭蚊子叮咬，終得病早逝：「我姐夫被日軍捉入檢疫
所餵蚊，後得病，三幾年後病死。」[15]

范有生亦說：「檢疫所每日下午 3 到 4 點都會有三至四名日
本人來我村捉蚊子，他們還穿着白大褂，戴着口罩，穿長靴，
在田裏撈沙子蟲，還割（刺）農民耳朵抽血，捉人去餵蚊子，
有的不久就病死了。農民見着他們來，馬上逃走。」[16]

二、再尋新證人

沙東迅在座談會上詢問其他健在難民的下落，打聽到一位
原名馮慶章，後改名為馮奇的證人，當時已居於佛山市。沙東
迅先以書信、再通過訪談得到其證詞。[17]

馮奇八歲時因日機轟炸，家園盡毀，親人死亡離散，獨自
在廣州流浪。1939 年初，他寄居在廣州第十甫街一所破房中，
後被巡邏的日本人及保安警察捉上滿是難民的大軍車，關到南
石頭難民所。後至 1942 年 8 月，日軍一度因難民所難民太多，

將廣州本地幾百難民遷去東莞，他隨同前往厚街後，一行人卻隨即被日軍射殺，馮奇有幸逃回廣州後處流浪，不久又在街上被抓，重返難民所。[18] 這數年間，馮奇在難民所進出，有許多觀察之餘，並曾有在難民所病倒之經歷。

馮奇回憶難民所的格局，清晰地說明：

> 難民所的正門口上有座小樓，裏面住了保安警察。入門右邊約 50 米遠有個像排球場大的地方，有個水井，再走約 30 米有個廁所，附近有個水井。廁所過些便是化骨池。化骨池中間有幾級樓梯上化骨池，化骨池上約有高一米便是炮樓的行人道。城牆上四周築有四個高幾米的瞭望亭。城牆上四周都裝有帶刺的鐵絲網。城牆上距地下有六米多高。正門是很開闊的。裏面有保安警察守着。城牆上也有崗哨往來巡視，難民關進去不易逃出。[19]

說到化骨池的外形及用途，也與座談會上了解到的情況吻合：「化骨池有四米多高，正方體，混凝土築成，上面有四個約 70 厘米乘 70 厘米的方孔，便於把死者丟下去。放滿後，加放藥水封蓋好。過了十至十五天，到了一定時間，開蓋時多在深夜，臭氣直衝天。」[20]

於是，沙東迅根據文獻記載和蕭錚、馮奇提供的資料，畫出了廣州南石頭難民收容所示意草圖，並讓兩人看過，都認為符合當時的情況。[21]

同時，沙東迅也兩度到醫院，訪問南石西居民梁檬（時年 68 歲），證言中關於難民所及屍體處理的部分如下：

在我村東邊一個舊炮台，被改為懲教場，日本人則用它改選為難民收容所。每天從廣州市一車一車地把難民運入難民收容所，名為難民救濟委員會，實際上是暗刀子殺人。每天用六個抬屍人都抬不了，後來在難民所裏建了一個叫化骨池的地方，將難民的屍體一個一個拋下去，不久，臭氣溢出，難聞之極。我們這一帶的村民，只有敢怒而不敢言。[22]

當時我親眼見到抬屍人每次用帆布床將兩至三個人體（有的嘴巴還會動的）從難民所抬到附近的鄧崗斜（即現南箕路南石頭街派出所以南、以西的地方）掩埋。1953至1954年在此起平房（原書按：即廣州造紙廠宿舍）時挖出許多屍骨，有屍骨的地點有一百多米長。六個抬屍人現都過世了。[23]

兩名證人的觀察與之前得到的資訊都大體一致。

馮奇的證言中，關於難民的生活環境有詳細的說明，其中更包括飲食的具體內容。馮奇觀察到難民吃下「味粥」後，集體出現不尋常的腹瀉情形，對研究難民的健康情況帶來有力幫助。

馮奇的證言指：

在難民營裏，難民被分成三至四人、七至九人，安排在一小間的房間裏，四邊只有牆，但無片瓦蓋頂。難民在這小房間裏日曬雨淋，條件非常惡劣。每人每天分派兩勺味粥。這些味粥其實是由麥糧、麥皮、少許大米、白豆鹹

菜混合煮成，其味又酸又餿，非常難食。味粥從來不是滾燙的，只是微熱，吃過味粥的人，都逃脫不了屙嘔腹瀉的命運。當時在難民所流傳着這樣一首打油詩：「籠中鳥，難高飛，不食味粥肚又飢。肚痛必屙無藥止，一定死落化骨池。」遇上暴風雨來臨，一下子就死了幾百人。偽政府派人將其屍體抬去難民所外的亂葬崗草草埋葬。每天都有二十至三十人死亡，少則六至八人不等。[24]

馮奇回憶中途離開南石頭到東莞，後回到廣州，再度被捉進難民所時，也遭遇了相同情況：「在難民所也因食味粥而肚屙吐水，屙得很厲害，差不多要死了，好在南石頭村民鍾元抬我去紅十字醫院……救了我，才倖免一死。」[25]

從以上描述可以得知，難民所的居住環境惡劣，但造成身體嚴重虛弱的主因是腹瀉，其起因似與難民所提供的味粥有關，以致難民間流傳關於吃了味粥會死亡的打油詩。

梁檬也對此事有所聽聞，說：「其實，難民所每天把飯煮出來，就用藥混入飯中，難民分到的飯很難吞下肚裏，只好挨餓。」[26]

難民除了因飲食而導致病弱、死亡外，一如上一節以蕭錚為首的受訪者提及，日軍曾在廣州廣為搜集蚊蟲，並在檢疫所強制讓難民被蚊子叮咬、進行注射等，難民都因此生病。

就此，梁檬先說明了他對檢疫所及日軍行為的觀察：

自從日軍 1938 年 10 月侵佔廣州，不久就在南石頭建立了一個檢疫所，一個珠江船隻檢查站，還有一支憲兵隊

駐紮在那裏。在南石頭村的兩邊有　個特別檢查站建立起來，在 1940 年左右（日軍）就在我南石頭村大肆搜集蚊子，每天早上六時左右，就有兩三個日本人隨便進入村民的房裏，用手輕輕撥開蚊帳，將一隻隻吸飽血的蚊子捉入他帶來的小玻璃瓶內帶走。日本人日日如常來我村騷擾。[27]

他所提到日軍捉蚊子的情況與座談會上了解到的情形一致。

梁檬又說：「還有一個時期，強迫威脅村民割（刺）耳朵和打針抽血做試驗。我還聽說日軍捉了人入檢疫所割腳筋抽血，有兩人逃走。」[28]

馮奇表示，檢疫所以外出做工為由帶走難民，對象往往是青壯年難民，一去不回：

　　時有日本人來難民所宣傳招人去做工，選些青壯年的人，名義上外出做工，將其選上的人送去檢疫所。據說開始幾天讓入選者吃得好些，等到入選者肥胖時，將其關入黑房，放蚊蟲、跳蚤吸血，這些人便漸漸消瘦，直到死亡。一批批從難民所出去的人，卻不見有回。被選者命運如何誰也攪不清。[29]

更有甚者，馮奇的證言提到了此前於座談會上未了解的情況。事發於 1942 年，他被帶到東莞前數月間的時段，證言如下：

　　1942 年春夏間，香港淪陷後，有大批香港難民一船一

船地運到南石頭難民收容所，有三四千人之多。這批香港難民都要經過日本檢疫所。該所派出專檢人員進行肛門檢便，以後也是關在難民所內，與本地難民分開。這時期食物有所改善，不再吃味粥，而吃麥皮及大米煮成的麥皮大米飯。醫療條件也有所改善，在難民所內設有醫務所，醫生多是日本人。日本人強迫難民打「防疫針」，但很多人打後發高燒、抽筋，沒病變有病。當時我聽說是給難民打毒針。難民被打針後，過幾天便倒地不起。這時已建好兩個大化骨池，死了的或快斷氣的都丟下化骨池。[30]

據馮奇的觀察，香港難民剛到難民所的時期，食物及醫療其實均有改善，但日軍為香港難民打防疫針後，卻出現大量不適、死亡的情形。馮奇表示，在 1945 年日本投降前，國民黨軍快接收難民所，當時難民所剩下的難民很少了。香港來的難民所剩無幾。幾千難民就此四散，不了了之。由此可窺難民死亡情況之嚴重。

後來，證人之一蕭錚在街上偶遇在難民所認識的胡蘇，居中聯絡沙東迅後，於 1996 年進行了訪問。胡蘇在 1924 年出生，世居廣州瑤頭村（原書按：現為廣州海珠區昌崗路），受訪時 72 歲。[31]

胡蘇被抓進難民所，並獲安排工賑隊的職務，因此對於難民所的領導人及其他員工有較深印象，作證指：

1941 年香港淪陷時，我 17 歲。一天在街上同一批人被拉入廣州南石頭難民收容所，進入一個月後，因年輕力

壯，就被安排到工賑隊，到所長辦公室負責擔水和每一兩天送報表到廣州河北區的禺山市場的偽廣州省賑務會，報表內容主要有每天難民所的開飯人數，死了多少人……但具體情況我不了解。當時本地難民約有二百至三百人。香港淪陷後回來的香港難民很多，有的在船上，不知有多少人。我晚上住在所長辦公室，兼看門口。所長先後有幾個，記得有張壽崧、郭桂貞（女，丈夫叫陸來光）、劉念端等。劉念端任職遲些，但做得較久。他住在東川路……難民所還有容Ⅹ幹事，護士有陳慶娟（女）等。有一個叫包勝的，與我一樣大，也在廚房擔水，後不知去向。有一個叫梁榮（或明），男，比我小；馮慶章（原書按：即馮奇）比我小，我也有些印象。[32]

胡蘇談到的人物，與其他證人可作互證，比如馮奇即另一名曾向沙東迅作證的原難民所居民。此外，可注意他估計廣州本地難民的人數有二三百人，但此外尚有更多香港難民，部分是留在船上的，不清楚具體人數。

他又提及難民所的化骨池及抬屍人，說：

我知道難民所內有兩個化骨池（一入大門口的左邊靠近圍牆的地方），裏面放滿屍體，灑上石灰，用木蓋蓋住。後來又僱了六個抬屍人，有蕭秋（本地人，蕭錚之父）、布然（本地人）、「老兄」（外江佬）等，有幾張帆布床。當時每天有時死十多個，有時死兩三個，抬到外面找爛地埋，都是因生病、又冷又餓，又無藥醫而死亡。病情多是發冷

發熱，又吐又屙。

　　我還多少記得當時流行的一首歌詞：「籠中鳥，難高飛，不食味粥肚又饑，（食了味粥）肚痛必屙無藥止，多數死落化骨池。」

　　我的表弟黃存（原為廣州人）等一批人，被從中山石岐拉入廣州南石頭難民所，不久生病，天氣又凍，很快就死了。[33]

　　胡蘇的描述與其他曾居所內的證人所言相同，且他記得的歌謠和馮奇所唱幾無二致，可見當時此歌確實廣為難民所傳唱。與多位廣州證人一樣，他也經歷了親屬在難民所病逝的情形。

　　胡蘇主要於難民所服務，沒有直接接觸香港難民及海港檢疫所，但其觀察、聽聞，也再度確認其他人的證言：

　　從香港來了許多「大眼雞」（船頭畫有兩個大眼睛，故叫「大眼雞」，又叫「三支桅」，因為此船上有三支桅杆、每隻可裝幾十人至一百人）和大輪船（有一艘叫「白銀丸」，是日本的），停在難民所河邊，許多香港難民被收入難民所。我估計本地難民死了三千多人，香港難民死得更多，但具體數字我不清楚。

　　日本兵住在難民所附近的檢疫所，穿軍裝，他們常來難民所，一般是兩至三人一齊來。檢疫所有穿白大衣的日本人，也有中國人。日本人來難民所打針，說是為了防疫，但真實情況不了解。

> 我沒有入過檢疫所，不過當時就聽說把難民拉去餵蚊，先給飯吃，然後用蚊子咬，聽說與有的死了，有的沒有死。檢疫所內有人看見餵蚊之事，就傳出來了。
>
> 日本投降後，國民黨來接收⋯⋯後來我找人介紹到一個印刷廠當工人，一直做到退休，我現在為退休工人。[34]

胡蘇對檢疫所的了解與他人提供的情況一致。此處可注意胡蘇的估計人數，認為廣州難民死了三千多人，至於香港難民則更多，但不能斷言。

綜合而言，學者輾轉找到幾位當年長時間住在難民所的新證人，發現他們的遭遇和觀察都相當吻合，可見其證言頗為可信。

三、研究發表後讀者來信

1994 年 11 月 19 日，至今的研究成果首先被發表於《羊城晚報》，以頭版位置詳細報道，即引起不少讀者投函告知更多線索。[35] 其中，還包括數位曾待在香港難民船上的證人。有多位知情者來信，確認已有的研究內容為真，並補充更多資訊。

首先，有關南石頭各遺跡地點及格局，在 1950 年 4 至 5 月間曾任廣州市公安糾察隊、進駐難民所的廣州讀者張恒惠來信：

　　解放後接收南石頭難民所時改為廣州市少年管教所，該收容所實際上是廣州自行車廠範圍，而埋屍骨的地方是紙廠以外的鄧崗（原書按：後來也稱南箕路），這一帶原是荒野的小山崗。這一帶有難民收容所、廣州造紙廠、南石頭村、粵海關海港檢疫所等。收容所四周是圍牆高築，圍牆上面可以兩三個人排行，一面設有崗樓，大門一個，共三個崗樓，內有幾棟相連的房子，建築似井字形，便於巡邏，後面在淪陷時全被炸毀，只留下前面的二樓收容倉。在收容所的東邊建有兩個化骨池，水泥建築結構，四周沒有窗和門，只有池的上蓋設有一個小洞，不及一平方米大，下去時只能用梯子。解放後我曾下去過，親眼見到室內還留有不少碎屍骨。當時有人反映是日本人侵略廣州時建的化骨池。[36]

　　有關粵海港檢疫所的情況，曾在難民所當過菜場農工的順德梁先生來信，寫道：

　　海港檢疫所在現南石西村之（西邊）石崗之上。門口有個瞭望鐵塔，高達二十餘米（原書按：即旗台，最高處懸掛國旗，讓從外面進來的船隻很遠就可以看到），可以望到海（原書按：有的廣州人誤把珠江河說成海）面很遠的地方，這個叫上所，下所在日本橋（是日本墳場之橋）邊，這個叫海港檢疫所下所。上所通風好，是日軍佐級軍官之宿舍及穿白大褂的人出入的地方，裏面有翻譯。[37]

梁先生信中也附上南石頭一帶的簡圖，[38] 有關收押難民及處理難民所死者的情況，梁先生又寫道：

> 南石頭難民所裏面關着的所謂難民，就是日軍和偽軍把從廣州及各地村莊捉來的人，一車車運來，關在裏面，不是病死，就是活活餓死。條條死屍都是皮包骨，所以難民所正門東邊有兩個化骨池。難民所抬屍隊之中，我記得兩個人，一個叫布然（原書按：廣州話「然」與「賢」同音），一個叫蕭秋。他們每天抬兩三條屍一次，一隊人每天抬七八十條屍之多，抬往南箕路鄧崗斜葬下。我估計有萬多條屍。入了難民所，就等於入了鬼門關。有的人逃走，被捉回來槍斃；有的被日軍佔領的廣州造紙廠的電網電死，真是慘無人道。[39]

上述對難民所、檢疫所及化骨池等地方的描述，以及有關抬屍人名稱的回憶，均印證了此前的調查內容非虛。

廣州讀者陳樹勳來信指出，其祖母當年無故在廣州被日軍捉去，收押在南石頭，後被拉去活埋了。信中指，廣州南石頭不僅收押香港難民，連廣州市民也收押了不少，其中他的祖母就是受害者。她在廣州被日本兵用車押送去南石頭，後來據同在難民所的人說，還未死就被拉去活埋了。當時廣州市很多人都被日本鬼以「莫須有」的罪名捉去南石頭，生還者寥寥無幾，人們在當時對於南石頭真是談而色變。[40]

此外，有關檢疫所進行的類似實驗行為，順德市梁先生提供了如下資訊：「每天晚上 7 時後，這裏派出很多日軍拿着吸

蚊器到附近村莊吸蟲，入到村民房中蚊帳內吸蚊，順便調戲婦女，村民對他們憤恨到了極點。（日兵）將吸到的蚊蟲放入玻璃瓶內，帶回檢疫所，將捉回來的青年人餵蚊做試驗。」[41]

梁先生舉出了兩個實例，首先是棟園村青年范茂的情況。范茂先被捉進檢疫所、遭受蚊蟲叮咬，後來逃走再被擒，遭虐待後，發病身亡：「有次捉了棟園村的一個青年人叫范茂，被咬得滿身蚊口後逃走，後又被日軍捉回，強行給他灌飽了水，用一塊床板放在他的肚上，兩個日軍踩上去，把水壓出來，連續多次，日軍以為范茂已死，即收隊回去。經過幾個小時後，范茂沒有死，自己爬起回棟園村，後來變成黃泡仔〔編按：「黃泡仔」即皮膚鼓脹發黃的皮膚疾病患者〕，不久就死去了。」[42]另一人是雞春崗村青年李日，他先在檢疫所遭蚊蟲叮咬，後又被送到日軍管轄的「劏人場」：「後來又在雞春崗村捉了一個結婚不久的青年人李日……將李日捉去下所餵蚊吸血，被咬得全身都是蚊口，後又送去所謂劏人場（劏人場是在廣州造紙廠內），將李日陰部的一條筋割斷，後來李日變成跛仔（因李日被很多人看見捉去的，所以沒有劏他）。」[43]此兩人以外，梁先生還注意到難民所的人似乎也被捉到檢疫所，遭到「生劏」：「但晚上由難民所捉去的人就生劏了，經常聽到慘叫聲，後來就聽不到了，不知是否打了麻醉針，抑或死了，其屍骨就送往難民所的化骨池。」[44]

在梁先生證言中，日軍搜集蚊蟲及難民被送往檢疫所讓蚊蟲叮咬這兩件事情，再度印證了前述證人了解到的情形。唯有關在劏人場所進行的行動，此為初次出現揭露。沙東迅認為，這段證言所反映日軍8604部隊可能在廣州南石頭進行過活體試

驗和解剖。[45]

　　梁先生又提到乘船至南石頭的香港難民，表示看到他們被逐批帶到檢疫所空地上，露天進行檢查。信中說：

　　　香港被日軍侵入後，很多難民逃入廣州，有部分由陸路經深圳如廣州，有部分由水路入廣州，由水路入廣州的難民船全部停泊在南石頭海港檢疫所河面，有七百至八百名難民，日軍荷槍實彈，上起刺刀，一批批地把難民押上檢疫所的空地上，不論男女老少都要脫褲，屁股朝天，有七八個穿白大褂的人，手裏拿着一個東西（不知何物？）（原書按：是玻璃棒）探入每個人肛門之內，不知（是）吸東西還是放東西，一批批從船上押下有數天之多，後來這批難民不知被日軍送往何方。[46]

　　廣州一位讀者潘杜正是曾乘坐此批難民船的難民之一，投函《羊城晚報》說：

　　　1941 年太平洋戰爭爆發，香港淪為日寇統治，同胞紛紛逃離香港。1942 年初本人姐弟三人為求學討回粵北曲江。從香港乘輪船（與現在往海南的客輪相當）回廣州。船抵廣州南石頭時停在江中，日寇不許登岸，而要向每個乘客（男女老幼）進行疫檢，用玻璃棒從肛門取糞便檢疫。認為無疫者方可登岸。但所謂有疫者不知去向（灘〔南〕石頭難民們），可能（部分）來自輪船上檢疫所得，送往難民所充作細菌戰的實驗對象……他（本書編者按：疑指

「我」）們姐弟設法逃脫出來。[47]

　　潘杜進一步說明，難民所接受的是糞便檢疫，且被檢驗為「有疫者」的難民不知去向，或許即被送往難民所接受細菌實驗。
　　廣州讀者李翔雲閱讀《羊城晚報》後，通過報社向沙東迅反映，其阿姨何瓊菊、表兄馮芳標、表姐馮鋒為當年從香港坐船返回廣州的難民，現住在佛山市。沙東迅遂前往進行採訪。[48]
　　何瓊菊（時年80歲）回憶起五十餘年前的經歷：

> 　　日軍侵佔香港後，1942年初（春節前）我帶着兒子、女兒和家婆共四人，買船票坐托渡船從香港回廣州，全船約480人。船到廣州南石頭後，被日軍攔住不給上岸，說要檢查瘟疫，驗大便。如認為有問題，就拉入廣州海港檢疫所的傳染病室，有入無出。我在船上大約月餘，我走的時候，原來的480人，最後只剩下四十餘人。我見到有幾個人在船上死了，被日軍丟下河裏去，其他的進了傳染病室，沒有回來，聽人說他們都死了。我離開船後再也見不到船上的人了。[49]

何瓊菊之子馮芳標受訪時亦指出：

> 　　香港淪陷後過一兩個月（當時他七八歲）。媽媽帶我們離開香港坐船返廣州。船上有480餘人……船到南石頭就要停下來。日軍要我們全體到船頭上露天檢查，用一條管子塞入肛門……如認為有問題，就拉去隔離，有去

無回……無問題的商船。在船上吃得很差，衛生條件又不好，無病也變成有病，天天檢查，被拉去的人一天天增加，在船上的人數一天天減少。……當時日軍製造「理由」要把我們整死，或讓細菌在我們身上互相傳染。……所以現在一提起南石頭就毛骨悚然，很可怕。[50]

後來再到何瓊菊處拍記錄片時，其女兒馮鋒也在場，也說到：

香港淪陷後兵荒馬亂，我媽媽帶着我和大哥還有祖母幾個人，靠媽媽一個人養我們幾個人肯定不行了，所以沒辦法就回廣州。我們當時是乘難民船回來的。回到南石頭的時候，日本人有一個檢疫站，每天都讓人上去檢疫。一化驗有問題，就要扣留下來，不給下船。但化驗出來沒有問題也不放人的，不讓人進廣州的。最後 480 人的船上只剩四十多人。[51]

三人親身經歷的證言顯示，南石頭存在扣留香港難民的難民船，船上生活條件差，或因此導致難民在船上也有生病死亡的情況，最終人數從約 480 人降至四十多人。再者，難民全需到岸上做露天檢查，若有問題即需要進檢疫所，這也與其他證人的觀察相合。

沙東迅其後還在佛山再次拜訪了馮奇，並就乘船到達南石頭的香港難民的情形，再次訪談，[52] 得到如下證言：

　　1942 年初，香港淪陷後，有船從香港不斷來到南石頭的河面上。被日軍攔住，不讓進入廣州市區內。難民所內的人太滿，住不下，所以難民所所長劉念端說：「這裏裝不下，所以只好留在船上，船上的人也是難民。」第一次來四隻船，第二次三隻船，多是「大眼雞」（原書按：風帆船，船頭畫有兩隻眼，故俗稱「大眼雞」）。最後 1942 年 2 月左右來了一隻大火船（原書按：即機動大輪船），人不給上岸……大火船靠東塱（水深），大眼雞靠南石西（水淺）。有極少數人偷偷給錢落小艇仔逃走。被體檢檢查出有問題的人有可能留在南石西的廣州海港檢疫所內。在難民所門口檢查難民的肛門糞便，然後進入難民所……日軍不常駐難民所，但天天來，住在鄰近的檢疫所內。1942 年進入難民所的難民大約有三千人。[53]

　　馮奇提到幾個重點，包括不斷從香港而至的船隻到達南石頭、日軍不許香港難民進入廣州、以及這些難民先須受到體檢方可進入難民所，有問題者會被送到檢疫所的情況，這幾點都與何瓊菊等三人的話相符。

四、難民船經歷者的自述

　　在 1997 年 9 月，沙東迅收到居於上海的何榮清來信，表示

他與他的伯母也是從香港返廣州船上的難民，[54] 提供了作為難民的視角。何榮清認為自己的經歷即為日軍在華南進行細菌戰的一環，欲將香港回鄉難民以細菌做實驗，即難民船本身是「細菌戰實驗船」。[55] 來信中，他順序回憶當年遭遇，摘錄如下：

> 日軍侵佔香港不久，交通仍處癱瘓之時，大約是一九四二年一月，我（原書按：即何榮清）和伯母戚顏彩（原書按：她已於一九七九年在香港逝世）二人，隨着稀疏的難民人流，曉行夜宿，由九龍住地往廣州緩慢徒步前行。一日，行至保（原書按：應為「寶」）安的碼頭，被一些手戴白底黑字臂章的漢奸攔住去路，大聲誘騙說甚麼皇軍如何關心難民，現在派船來免費接送你們回鄉等。還威脅說前面不遠的地方有很多土匪，不只搶東西，還隨便殺人等。當人們正處於猶疑之際，他們就連推帶拉地把難民往停在江邊的大木船上送，船很大，每隻約能坐百人，等四隻船塞滿人之後，即由一小火輪拖往廣州。當船到達廣州，正要靠碼頭時，卻上來荷槍實彈的日本兵，並聽到有人大聲叫喊：大家不要亂動，船要去檢疫。船即繼續開行，不久即拋錨在江中，後來才知道是南石頭。
>
> 船是由日本兵（後換成漢奸）由廣州押解至錨地並看管的，對外不准其他船艇靠近，對內不准亂走動，以防逃跑。[56]

此部分說明，上船的香港難民並不了解其去向，以為可平安回鄉，本只是由中國人（信中稱漢奸）帶領，至到達廣州靠岸時，受到帶武器的日軍上船指示，方臨時改變目的地，開往

南石頭進行檢疫。此外，難民船也被嚴密看守，不允許內外進行接觸。

何榮清與前述證人同樣接受了玻璃探棒的露天檢疫。信中寫道：

> 拋錨後的第二天，船靠上南石頭一荒涼岸邊，日本兵和漢奸把全船的人一齊趕緊岸邊一乾箇（原書按：應為「枯」）的河叉（原書按：應為「汊」）進行所謂的檢疫。等逐個檢查完畢之後，又被趕回船上。仍錨泊於江中。而另一隻船才靠岸又進行檢疫，沒有任何儀器設備，僅憑一雙肉眼和一支玻璃探棒，能檢甚麼疫？檢疫僅是藉口而矣（原書按：應為「已」），把全船人一齊趕上岸，可能是對全船的人進行分類登記或深藏其他不可告人的目的。[57]

此段內容所指即其他數名證人提到的糞便檢疫，但何榮清在此之上，還對檢疫的過程抱持懷疑態度，不相信沒有儀器、僅用玻璃棒就可進行檢疫，表示此行動或者別有用意。何榮清還詳細描述了船上忽然出現跳蚤，並在三天後開始出現死者的情況：

> 船上是不給食物的，要自己掏錢向賣食物的小艇購買，但又不是隨意可買，只能每天在他們監視下購買。
> 不知最早是哪個人在甚麼時候發覺船上有跳蚤的，但兩三天之後，不少的人都向外抖衣被，說有跳蚤。我身上也被咬多處。跳蚤是繁殖於牲畜之中的，船上本來沒有，

為何錨泊江中後出現呢？人們議論紛紛，有識之士人認定是日本人撒放的，是帶菌的。

約三天後船上有人死去，第一個死的是嬰兒，因其母哭泣還遭漢奸大罵。自此之後，天天有人歸西（原書按：即死去）。

每天都是由日本人上船來指定這個那個的往外帶走，三幾個不等，最先（選中）多是青壯年，都是只去不回。這可能是他們攪難民船的主要目的，試驗室需多少，可到船上「拿」多少。

原來塞的（原書按：應為「得」）滿滿的一船人，只過了七八天，就只剩下三分之一左右了，除極少數逃離外，其餘的不是死在船上，就是被拉走了。

我們是過了七八天之後一個風雨交加的傍晚，乘（原書按：應為「趁」）着看管人員躲雨不備之機，花重金招請小艇逃出魔窟的。回到家鄉我即大病一場，有時高燒不退，有時是有發冷又發熱，醫生也説不出個所以，幾經診治服藥，總算撿回小命，約兩個月後才逐漸好轉……[58]

何榮清的證言反映出一個重要的情況，即：在他所在的難民船上，難民本來都沒有異樣，是在到達南石頭後，出現傳染的情況，才產生了患者、死者。這個觀察與馮芳標認為生病難民口益增加，事出有因，是日軍刻意讓細菌在船上傳染的説法，可謂互相配合。

據何榮清的經歷，隨着跳蚤的出現，船上有了第一個死者，並在患者增加的同時，一批批被日軍帶走，或在船上死

去。根據他的證言，從香港到廣州途中，船上本無跳蚤，到停泊後突然發現跳蚤，包括他自己也注意到身上被跳蚤所咬，都覺得驚訝，如其本人所想：「為何錨泊江中後出現呢？」蓋江中並非會沾惹到跳蚤之所，故眾人皆不解其來源，甚至有猜測是日軍所撒放。

沙東迅表示，通過這些證言，研究才得以發現南石頭除陸地上的難民所，尚有一個船上難民所，其存在是因為難民所人滿為患而產生。這批難民中的一部分被拉入難民所有去無回，成為日軍細菌戰的犧牲品。[59]

這一系列在南石西以及全國範圍內收集到的證言，使南石頭的相關研究獲得了突破，除對文獻內容有了驗證外，更挖掘到新的資訊，包括難民的生活環境、日軍供應難民的味粥、檢疫所的蚊叮、打針等行動，以及海上難民所的存在。這些情形均能與前日軍丸山茂的證言一一對應。

注釋

1　譚元亨《粵港 1942：南石頭大屠殺》（北京：西苑出版社，2015），頁 126。
2　沙東迅：《侵華日軍在粵細菌戰和毒氣戰揭秘》（廣州：廣東高等教育出版社，2015），頁 54。
3　沙東迅記錄：〈蕭錚的談話〉，轉引自《侵華日軍在粵細菌戰和毒氣戰揭秘》，頁 54。參見《粵港 1942：南石頭大屠殺》，頁 183－184。
4　《侵華日軍在粵細菌戰和毒氣戰揭秘》，頁 54，示意圖參見頁 55。

5 〈蕭錚的談話〉，轉引自《侵華日軍在粵細菌戰和毒氣戰揭秘》，頁 54。
6 同上，頁 73。
7 沙東迅記錄：〈何金的談話〉，轉引自《侵華日軍在粵細菌戰和毒氣戰揭秘》，頁 70－71。
8 沙東迅記錄：〈訪問吳偉泰的記錄〉，轉引自《侵華日軍在粵細菌戰和毒氣戰揭秘》，頁 69。
9 沙東迅記錄：〈范有生的談話〉，轉引自《侵華日軍在粵細菌戰和毒氣戰揭秘》，頁 70。
10 《粵港 1942：南石頭大屠殺》，頁 128。
11 同上，頁 133。
12 同上。
13 同上，頁 172。另參見沙東迅記錄：〈蕭錚的談話〉，《侵華日軍在粵細菌戰和毒氣戰揭秘》，頁 42。
14 〈吳偉泰的談話〉，轉引自《侵華日軍在粵細菌戰和毒氣戰揭秘》，頁 43。
15 同上。
16 同上。
17 此經過見《侵華日軍在粵細菌戰和毒氣戰揭秘》，頁 54－55，馮奇來信全文引用自《粵港 1942：南石頭大屠殺》，頁 174－176。又參見沙東迅記錄：〈訪問馮奇（馮慶章）的記錄〉及〈馮奇（原名馮慶章）第一次來信〉，見《侵華日軍在粵細菌戰和毒氣戰揭秘》，頁 55－56。
18 《粵港 1942：南石頭大屠殺》，頁 174。
19 同上，頁 176。
20 同上，頁 175－176。
21 示意圖見《侵華日軍在粵細菌戰和毒氣戰揭秘》，頁 58。
22 《粵港 1942：南石頭大屠殺》，頁 134。
23 沙東迅記錄：〈訪問梁檬的記錄〉，轉引自《侵華日軍在粵細菌戰和毒氣戰揭秘》，頁 70。
24 《粵港 1942：南石頭大屠殺》，頁 175。
25 〈訪問馮奇（馮慶章）的記錄〉，轉引自《侵華日軍在粵細菌戰和毒氣戰揭秘》，頁 56。
26 《粵港 1942：南石頭大屠殺》，頁 134。
27 〈訪問梁檬的記錄〉，轉引自《侵華日軍在粵細菌戰和毒氣戰揭秘》，頁 42。
28 同上。
29 《粵港 1942：南石頭大屠殺》，頁 176。
30 同上，頁 175。
31 沙東迅記錄：〈訪問胡蘇的記錄〉，轉引自《侵華日軍在粵細菌戰和毒氣戰揭秘》，頁 150。
32 同上，頁 150－151。
33 同上，頁 151。
34 同上，頁 151－152。
35 《侵華日軍在粵細菌戰和毒氣戰揭秘》，頁 62。
36 〈廣東讀者張恒惠的來信〉，轉引自《侵華日軍在粵細菌戰和毒氣戰揭秘》，頁 57-58。
37 〈順德市梁先生的來信〉，轉引自《侵華日軍在粵細菌戰和毒氣戰揭秘》，頁 40。
38 《侵華日軍在粵細菌戰和毒氣戰揭秘》，頁 42。
39 〈順德市梁先生的來信〉，轉引自《侵華日軍在粵細菌戰和毒氣戰揭秘》，頁 74。
40 〈廣東讀者陳樹勳的來信〉，轉引自《侵華日軍在粵細菌戰和毒氣戰揭秘》，頁 57。
41 〈順德市梁先生的來信〉，轉引自《侵華日軍在粵細菌戰和毒氣戰揭秘》，頁 40。
42 同上，頁 40－41。

43 同上，頁 41。

44 同上。

45 同上，頁 42。

46 同上，頁 74。

47 〈廣東讀者潘杜的來信〉，轉引自《侵華日軍在粵細菌戰和毒氣戰揭秘》，頁 65。

48 《侵華日軍在粵細菌戰和毒氣戰揭秘》，頁 62。

49 沙東迅記錄：〈訪問何瓊菊的記錄〉，轉引自《侵華日軍在粵細菌戰和毒氣戰揭秘》，頁 62–63。

50 沙東迅記錄：〈訪問馮芳標的記錄〉，轉引自《侵華日軍在粵細菌戰和毒氣戰揭秘》，頁 63–64。

51 《粵港 1942：南石頭大屠殺》，頁 107。《侵華日軍在粵細菌戰和毒氣戰揭秘》中對此段訪問從略，參見頁 64。

52 《侵華日軍在粵細菌戰和毒氣戰揭秘》，頁 64。

53 〈訪問馮奇（馮慶章）的記錄〉，轉引自《侵華日軍在粵細菌戰和毒氣戰揭秘》，頁 64。

54 同上，頁 65。

55 何榮清原文指：「我所搭的不是甚麼慈善難民船，而應是日軍相當高的一級機構或頭頭所決策，由日軍和偽政權（當然不會讓他們了解內幕了）共同實施的有計劃、有組織、有步驟誘迫香港回鄉難民上他們設計好的細菌戰實驗船，是拿活人作（原書按：應為「做」）試驗的實驗船，是直接用細菌殺害中國人的罪惡之船。」

56 沙東迅保存：〈上海何榮清給沙東迅的信〉，轉引自《侵華日軍在粵細菌戰和毒氣戰揭秘》，頁 66–67。

57 同上，頁 67。

58 同上，頁 67 至 68。

59 《侵華日軍在粵細菌戰和毒氣戰揭秘》，頁 62。

第五章

相關人士證言

一、日方調查團首次來華考察

　　除了中國學者關注南石頭事件之外，在日本，其實還有不少民間組織，關注戰時自身所犯下的罪行以及相關的資料。在 1994 年 8 月，日本民間私人調查小組（或稱「日本民間調查團」）表示希望前往廣東實地調查「波」字第 8604 部隊遺址，並與廣東省人民對外友好協會聯繫，獲得廣東省邀請及安排領導、翻譯接待。廣東省人民對外友好協會邀請沙東迅協助調查。[1]1994 年 10 月 31 日至 11 月 3 日，調查團前往廣東，糟川良谷（日本某郵政局職員，電影《侵略》上映全國聯絡會成員）為團長，佐野雅之（《侵略》上映全國聯絡會成員）、本田大次郎（《朝日新聞》記者）、中島啟明（共同通信社記者）為團員。[2]

　　期間，沙東迅將自己撰寫的《日軍在廣東進行細菌戰情況的調查報告》（以下稱《調查報告》）交予調查團，以作資料交流。[3]調查團於廣州、佛山、番禺等地進行調查、取證，到中山大學中山醫學院、廣州摩托集團公司、南石西居委會、廣州港監、廣州造紙廠等處調查遺址、遺物，並訪問了蕭錚、馮奇（馮慶章）、陳嫻、蕭永光、吳偉泰、何金、明華生、徐球、梁時暢、沈時盛等證人。[4]

二、證人丸山茂

　　1995 年 7 月，丸山茂在東京朝日電視台委託 ASCOM 株式會社的調查攝製組陪同下，初次重訪廣州南石西等地點，指認當年「波」字第 8604 部隊遺址，實地調查核對事實真相。同時，中國廣州電視台正拍攝「二戰」50 周年紀念電視特輯《「波」字第 8604 部隊的細菌戰》，[5] 於是邀請丸山茂（時年 78 歲）實地考察，核實證言中的地點，並請來日本專門研究侵華日軍細菌戰部隊的民間組織研究人員糟川良谷再度前往廣東，同行的還有神奈川大學教授、研究細菌戰專家常石敬一（專業顧問）。[6] 中日雙方配合，使得此次探訪得以成行。

　　攝製組於同年 7 月 25 日帶領廣州市檔案館、廣東省社科院了解研究成果。[7] 7 月 26 日上午前往中山大學中山醫學院，拍攝丸山茂證言中「波」字第 8604 部隊的大本營。探訪全程由丸山茂帶路和說明，指證當年的情形，如辦公室、部隊長住處等，[8] 詳細憶述校舍的格局布置。丸山茂對比 50 年前的中山醫科大學，回憶當年走廊養着廣東蟑螂，用一大排葉子隔開來養，以供細菌研究。[9] 走到運動場附近，丸山茂回憶起一個新的重要情況。他指着附近一幢建築物說：「這個地方就是當年 8604 部隊第四課最為機密、戒備最為森嚴的從事培養鼠疫菌與進行病體解剖的實驗室。」他提及當年親眼目睹裏面用福爾馬林浸着許多屍體，日軍實驗人員有時進行活體解剖。他也在舊圖書室的西邊、現中山大學醫學院動物實驗中心的兩層樓中的二樓一個房間，找

丸山茂第一次抵達廣
州。這是他第一次手持
日本公民的護照來到中
國。（編者提供）

丸山茂再次踏上中山醫
的土地（左中），左一
為日本細菌戰實況調查
團成員糟川良谷。（編
者提供）

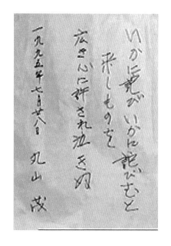

丸山茂於 1995 年 7 月
寫下的懺悔書。（編者
提供）

到他當年住的地方。[10]

　　當日下午，日本來客到廣州省博物館參觀了即將開幕的廣州抗日史蹟展覽。丸山茂當場流下眼淚，並用日文寫下感言，隨行日語翻譯譯出其意思：「人們本應該用石頭來打我，可是人們卻用寬大的胸懷來歡迎我，這使我感動得流淚。」[11]

　　27 日下午，攝製組前往廣州河南南石頭地區，拍攝南石頭難民所舊址（現為廣州摩托集團公司）和偽粵海關海港檢疫所（變化較大，有的已拆，有的已成為廣州市公安局水上派出所的員工宿舍）。丸山茂往西走到珠江邊，指認該處為當年的場守喜告訴他細菌戰秘密的地方。[12]

　　28 日，丸山茂亦再一次寫下留言，表示悔意。晚上，常石敬一通過翻譯與沙東迅進行詳細問答，廣東電視台對丸山茂也通過翻譯進行了採訪拍攝錄音。當晚，廣東省外事辦在中國大酒店召開新聞發佈會，粵港澳各大傳媒均有人參加。到會者三四十人。丸山茂、常石敬一、沙東迅均曾發言，糟川良谷則因事已提前離穗。[13] 會上，常石敬一教授答問時指出，經過實地深入調查考證，丸山茂對 8604 部隊進行細菌戰的揭發是真實的，符合實際情況。通過這次調查、攝製，證實了沙東迅教授的研究成果。[14]

　　日方的電視導演櫻庭先生表示，所拍的專輯將在 8 月中旬星期天上午 10 時的黃金時間向日本全國播放約半小時，以幫助日本人民了解日軍當年侵略中國進行細菌戰的罪行，現在許多日本人不知道或不承認有此事。[15]

　　1995 年 8 月 13 日，《亞太經濟時報》在頭版發表該報記者吳道山、徐靖寫的題為〈還原歷史本來面目〉一文，報道廣東

省外事辦在中國大酒店舉行記者座談會情況，指出「丸山茂指證日軍侵華罪行，沙東迅揭露日軍細菌戰事實，中日學者研究成果不謀而合」。[16]

丸山茂第一次重訪廣東，對於中日雙方核實當年南石頭的情況有極大的幫助，並通過攝製記錄片，得以向更廣泛大眾傳達研究成果。

三、丸山茂重訪廣州

1995 年 7 至 8 月間，廣州造紙廠撥出經費，在南箕路東邊融園附近的水塔下建造「粵港難民之墓」，並於 1995 年 8 月 23 日舉行了揭幕儀式。[17] 在 7 月，日方一行人訪粵時，丸山茂聽說已建造了此墓碑，希望前往拜祭，唯因身體不適（他患有嚴重心臟病，體內裝有心臟起搏器）及其他原因未能成行。返日後，丸山茂深感應親自到廣州認罪、拜祭，因此，他聯絡沙東迅，提出自費再次前往廣州。[18] 到了 11 月 5 日，省外事務翻譯員及沙東迅、郭成周、廖應昌數位學者，陪同丸山茂前往南箕路。中方也聯絡了廣州各報、各電視台記者前去採訪。[19]

丸山茂將寫有「日中友好，永不再戰」的花圈，獻給死難的粵港難民。前往廣州前，他在神奈川柳瀬幼兒園及川崎市市場保育園講述往事，得到教師、兒童摺疊的 2,450 隻祈願和平的紙鶴，亦帶去懸掛在墓前。當日，他身穿黑色西裝、打着黑

圖為丸山茂在懺悔。（編者提供）

領帶、腕上戴有佛珠，並點燃了香燭，敲打木魚和銅缽，誦讀佛經，然後跪在墓前泥地上，流着淚以日語說：「我有罪！我向死於侵華日軍細菌戰武器下的粵港難民認罪、道歉！在有生之年，祈禱日中友好，永不再戰。」拜祭後，他表示依循了日本習慣，故來粵前已在日本剃光頭以示謝罪。[20]

　　在場記者向丸山茂提問，得到其回答說：「8604 細菌部隊曾在廣東進行過慘無人道、違反國際公約的細菌試驗和細菌戰，我作為這支部隊的軍人，心裏一直有一種沉重的罪孽感。所以我這次以懺悔的心情來廣州拜祭。如果我在有生之年未拜祭過粵港難民，我這一輩子心裏都會很不安。」[21] 翌日，廣州不少傳媒都報道了此事。[22]

四、井上的證言

在丸山茂第一次重訪廣州時，隨行的糟川良谷帶來一份另一位 8604 部隊老兵井上睦雄的日文證言記錄稿，交予沙東迅，並同意譯成中文發表。該證詞由井上睦雄所作，提及了之前研究所未得知的情況，內文引錄如下：[23]

（一）井上睦雄，原「波」字第 8604 部隊成員，1922 年生，現（1995 年）年 73 歲。井上睦雄說：1943 年 2 月，千葉縣柏陸軍醫院的衛生兵被編組成部隊，這是原隊伍。我們（我是在家鄉福岡應徵的）則於 2 月 1 日在福岡市住吉神社集合，乘火車從福岡出發，經博多前往門司。抵門司與原隊伍（車隊）匯合，共約 800 人分乘五艘木船向廣州進發。除最前面的那艘船外，其餘的四艘船在沖繩與台灣之間海域上遭受美軍潛艇襲擊沉沒了。我因乘坐最前面的船而倖免於難，其他船上的人大概沒能獲救。那些船上還有山炮和野炮的補充部隊。

（二）部隊在廣東黃埔港登陸後乘火車進入廣州市區。那是燃燒木材的蒸汽火車，走得很慢，車廂內滿是木炭灰。我們從（日本）內地出發時正下着雪，越接近廣東越感到酷熱。大約月底進駐中山（醫科）大學（原書按：原文為中山（醫科）大學，但當時稱為中山大學醫學院，以下同）。隨後的半年裏，接受一般的軍事訓練和衛生兵訓

練。有一本名為《衛生教程》的厚厚的書（衛生兵的教科書），描寫人體構造等。我們也做試驗，要求很嚴格。教育訓練進行了半年。

（三）教育訓練結束後，我們被分配到各科。我被分到第四科（同「課」之意，以下同）病理解剖班。第四科有病理（解剖）班、昆蟲班、瘧疾班。此時，「波」字 8604 部隊的部隊長是龜沢（全名是「龜沢鹿郎」）軍醫大佐，第四科科長是山內正通軍醫大尉（後升至少佐，戰敗後回國，在岐阜縣開辦了一所腸胃專科診所），病理班班長是橋本敬佑（見習軍官，在戰敗後回國，後任順天堂大學醫學系教授。）

病理班有六七名衛生兵，另有一名台灣籍的文職人員。昆蟲班主要從事鼠疫跳蚤的培養，大約有十名衛生兵和數名中國勞工。瘧疾班（班長）是寺師通（戰後曾任熊本縣荒尾市市長）。

第一科裏還有戰後曾任厚生省醫務局長的金光克己；另有馬場准尉從事馬、豬、雞的霍亂研究。

（四）我所屬的病理（解剖）班裏，解剖執刀者是橋本，其餘的人是助手等。我（井上）、左（本書編者按：查對原手稿應為「佐」）藤吉己（居住在長崎）、高杉等常當助手。我雖是助手，但很清楚地記得切斷頭蓋骨的事。橋本解剖屍體的內臟時，我們同時切開頭蓋骨。如圖示（按：圖略）切開頭、臉部，然後前後用力一掰就露出頭蓋骨。接着用特製的鋸小心翼翼地切開中間的腦間膜，盡量避免損傷。那是一把小鋸子，類似切……（原書按：不清楚——原文如此）用的鋸子。恰當地切開後，在切口處插入鑿子，就

可「啪」地打開上部頭蓋骨。打開頭蓋骨由我們負責，與此同時，橋本取出了內臟。

（五）取內臟時，從喉嚨到腹部切開，把手插入喉嚨抓住舌根往外拽，內臟就全部被拉出來了，然後切下所需部分，剩餘的又放回屍體內。那時，我們負責頭部工作的助手用剪刀剪開腦間膜，一根一根地剪斷腦神經，使大腦顯露出來，最後剪斷集中在腦下垂體的神經，取出整個腦。隨後，我們用下等棉（質量最差的棉花）填塞已挖空的頭蓋骨，並把被切開的頭蓋骨從上面依照原樣縫合。取出的腦用福爾馬林浸泡製成標本。用福爾馬林浸泡，一來不腐爛，二來可作凝固。凝固後用類似廚刀、稱作為「微米刀」的器具切成極薄的片狀，然後貼在物體板上，成為顯微鏡用標本切片。隨後染色。如果這標本片染有瘧疾，則瘧疾菌就會沾染到染色液上。這樣，通過染色就可以判明感染瘧疾的程度及瘧疾的類型。

（六）病理班裏屍體多時每天有四五具，一天工夫解剖不完。解剖既有簡單的也有複雜的，所以一天最多解剖三具左右，每具屍體花費三小時。我在病理班期間（1943年8月至1944年空襲）每天大概解剖1.5具屍體。這樣的情況持續至我離開病理班。解剖不完的屍體收入冷藏庫保存。我們還把洗臉盤大小的冰塊置於屍體的腹部之上。

（七）被解剖的屍體裏的男性屍體居多，也有少數女性、小孩和老人屍體。既有日本兵屍體，也有中國人屍體，還有中國間諜（可能是抗日遊擊隊——見後述）。當時曾經認為第四科昆蟲班培養生產鼠疫跳蚤的情況是昆蟲

班的中國苦力向外界泄漏的。那是我奉命調到鼠疫蚤培養部門工作時的事。我發現了有苦力偷藏起「波」字第 8604 部隊的示意圖，將其捉獲後被授以勳章（「殊勳乙級」）。後來那苦力被如何處置不得而知，但可想像得到。日本戰敗時我燒毀了那「殊勳乙級」勳章。病理解剖的屍體也有據說是間諜或游擊隊員的屍體，但是在哪裏抓獲的等情況是軍事秘密，規定不得詳細打聽或同事間互相傳說。一看屍體就知道是額頭被槍擊過的，是憲兵部隊射擊的。額頭裏有一個地方骨頭兩層重疊，有時即使被子彈擊中會引起腦震盪但不至於死（雖然我不大想說）。確切地說，那不是屍體，而是活體。心臟仍在跳動，為了止血用鉗子鉗制血管。把血管拉出來在顯微鏡下觀看，只見紅細胞和白細胞都聚攏成簇。心臟跳動時它們就滾動。沒有進行過鼠疫的病理解剖，好像瘧疾的病理解剖較多。到 1944 年，由於美軍常來空襲，不能進行病理解剖了。（病理解剖後的屍體浸泡在地下室的水槽裏。解剖室是中山大學醫學院帶圓形座位的教室，解剖台就在中間。地下室裏有浸屍體的水槽且很多用福爾馬林浸泡，裝在罈子或大瓶子裏的頭顱、內臟標本很多，雖不足一百個，但確實有五十個以上。）

（八）1944 年，我調到鼠疫跳蚤生產部門，負責恆溫工作（也幹其它雜活）。第四科的昆蟲班大約有十名衛生兵，數名中國勞工。從沙東迅繪的〈日軍「波」字 8604 部隊示意圖〉來看，昆蟲班就在中山大學醫學院北門與東門之間（原書按：現為中山大學醫學院附設衛生學校一帶）飼養老鼠，其中有一間混凝土結構的屋子。那建築物

的面積為十至十五坪（33 至 55 平方米）。那是碩大的白野鼠，飼養了五十萬隻。那裏有幾棟像是校舍的建築物，均是簡易建築，就在那飼養白野鼠。飼養過程中老鼠的健康狀況也隨時向衛生大尉報告，認真處理。打開石油罐（十八升）的蓋子，在罐底鋪上鋸末，再撒上乾血，鋸末之上是一個剛夠放進一個老鼠的鐵籠子，老鼠在鐵籠中不能轉動，鐵籠有一個小豁口，以便給老鼠投餵番薯。石油罐裏吊根柱狀液量計，測量鼠疫跳蚤的數量。接着再往鼠身上撒乾血。房間裏全是混凝土結構，地板上放置一塊水泥板，水泥板上有一隻大爐子，松木在裏面熊熊燃燒。地面上注滿了水，於是冒起了很多蒸氣，鼠疫跳蚤就可以大量繁殖。

圓柱形液量計直徑二到三厘米，放入二至三厘米刻度的鼠疫跳蚤，不知道共有多少隻跳蚤。白野鼠被吸乾血後只剩下皮包骨，成了木乃伊的樣子，於是被扔掉，又補充新的白野鼠，源源不斷。我也不清楚生產了多少鼠疫跳蚤。我們輪換工作，每次五人當班，這是奉了提高生產量的作戰命令。我記得房間裏有一百個左右的石油罐（每隻老鼠養五至七天就被淘汰補充）。

（九）我記得 1944 年空襲變得激烈前發出了增產的命令。當時的部隊長是龜澤（鹿郎）軍醫大佐。譬如，鼠疫跳蚤需要十公斤，就得生產 15 公斤。空襲開始後，如果美軍不是在中國南海岸登陸，據說，這種鼠疫戰將發揮最大作用。

記得幾乎每天晚上美機都來轟炸，B-29 戰機來時是遮

天蔽日。空襲時，廣州市內及中山大學醫學院校園裏升起了烽火，美軍大概就是以此為目標進行轟炸的。

1945 年 6 月 24 日，「波」字第 8604 部隊（駐中山大學醫學院）的五棟老鼠飼養舍和鼠疫跳蚤的培養設施（混凝土建築物），被 25 至 26 架 B-29 戰機編隊炸毀，我們的工作才不得不停止。這時，部隊也開始了撤退的行軍訓練，準備撤到韓國的釜山。

1945 年 7 月，我在廣東也得了傳染病，轉到廣州河南陸軍醫院療養，病癒後就在陸軍醫院迎來了戰敗。投降後，由於當時的國民黨政府下令「不得傷害日本人」，所以並沒有受到傷害。日本戰敗後，那所醫院也為中國人治病。當時，日軍內部為暴力所支配，不得違抗任何命令。每當發生事情時，就隨時捏造理由，用木刀進行毆打，有的人因忍受不了而自殺。

我不知道部隊的活體試驗。病理解剖前活體的狀況如何無從知曉。我想被憲兵隊抓獲的人是游擊隊或間諜。第四科生產的鼠疫跳蚤被運往何處我也不知道（如同丸山茂證言所指）。確實曾見過挎斗摩托車，但不能證實那就是運送鼠疫跳蚤的。

我於 1946 年 6 月回國。我乘坐的是一艘排水量為 1.3 萬噸的大船，船上發生霍亂，死了 200 人。九月，抵蒲賀上岸。九州的久留米還殘留着朝日屋百貨店，除此之外全燒成荒野了。

戰爭給他人造成不幸，也給自己帶來了不幸，絕不允許再發生戰爭了。借此紀念之際，我陳述了這一段歷史事

實，希望讓事實留存下來。

井上睦雄的證言不僅與丸山茂提及的基本資料引為互證，且揭露病理解剖班的工作內容，讓學者了解到新的事實。沙東迅等學者均推斷，此證言揭露日軍曾在難民身上進行活體解剖，並為了提供細菌戰所需而培養鼠疫菌。在文末，糟川良谷另附上了補記，基於證言進行推論。

糟川良谷補記：（一九九五年七月二十四日）

（一）通過井上的證言，「波」字第 8604 部隊進行鼠疫戰的實況更加明瞭。在此之前，在 1943 年 4 月 17 日「全原摘錄」（業務日誌）──「醫事課會報」中有「華南防疫給水部」（「波」字 8604）可月生產十公斤鼠疫跳蚤的記述。井上的證言是實際參與者、生產者的證言，是一絲不苟的證言，極其可貴。它是對於上述「醫事課會報」（在陸軍省醫務局醫事課派閱的會報）的證明。

（二）井上的證言酷似 731 部隊（平房地區）病理解剖班原隊員（湖桃澤正邦，已故）的證言。解剖是為各班的實驗結果和檢驗死者的細菌而進行的，把病理解剖的結果製成標本也是應各班的要求而進行。井上的證言所指的切斷頭蓋骨曾在（東京）軍醫學校舊址發現過，在確認證言中的部分切斷物時，井上的回答是：「有。」所以懷疑是同樣的東西（但不能斷定是同一個東西。其他的部隊譬如「榮」字第 1644 部隊、「甲」字第 1855 部也可能做過，731 部隊也攪過）。

（二）「波」寧第 8604 部隊生產的鼠疫跳蚤可能在對重慶、昆明等內陸地轟炸時使用過，但現在尚無確切的資料和證言（一小圖略）。[24]

五、細菌戰的線索

經過學者採訪專家及當年的知情者，發現疑似吻合兩位舊日軍證言中細菌戰的情況，包括鼠疫、副傷寒菌於廣州流行的異常情況。

廣東公共衛生專家陳安良（時年 87 歲）提出，在抗戰期間，發現過日軍在中國各地以飛機投放麥粒、膠狀物等，似引起流行病：

> 1942 年我在中國軍政部軍醫署第八防疫大隊工作，當時發現日本飛機撒放麥粒到粵北翁源一帶，麥粒中有跳蚤，但因沒有培養基，查不出是甚麼細菌。抗戰時期，浙江省衢州市亦有發現日本攪的鼠疫菌。1941 年日軍在湖南常德上游投放膠狀物，後查出有霍亂菌。抗戰時期在廣東的廉江、湛江一帶有鼠疫菌，經常發現有鼠疫病流行。[25]

此段證言表明，抗戰期間，日軍曾被發現反覆投放異物於

中國地區，包括廣東及鄰近範圍，其中便有井上睦雄提及的跳蚤、鼠疫菌。

另外，廣州讀者李儉寫信提及的證言也可供參考：

> 本人現年已七十多歲，在廣州惠愛路（原書按：即現中山五路）生活了半個世紀多了……太平洋戰爭爆發後，就發現侵華日軍每晚向日本人商店和日本人居室發放捕鼠鐵籠，每天上午由身穿白大褂的日本軍人用軍車收集，一車一車活鼠從惠愛路向東（本書編者按：當時原中山大學醫學院就在這個方向上）運去，從那時起，已經流傳着侵華日軍攪細菌戰實驗的說法。（他們）花費如此龐大（的）人力物力，不單單只是為了殺害華南地區（的）省港難民，實際（上）用難民進行細菌戰試驗，更重要（的）是企圖挽救其在戰場上節節失利的侵略者的失敗命運。[26]

沙東迅認為此看法印證了前述所言，日軍大量收集老鼠繁殖鼠疫菌，以進行細菌戰。

廣東細菌學家、中山大學中山醫學院退休教授鍾之英（時年 87 歲）的證詞表示，除跳蚤、鼠疫菌之外，尚有抗戰後發現疑為老鼠傳播的恙蟲病。鍾教授說：

> 我 1950 年回到廣州，在中山大學中山醫學院衛生細菌研究所工作。1950 年，嶺南大學醫學院內科湯澤廣教授對我說，他抗戰勝利後返廣州，看到廣州有恙蟲病，而抗戰前廣州未發現過此病。1951 年，我到北京中央衛生部請

細菌學專家趙樹萱來廣州調查，經過一年多的調查研究，趙樹萱從細菌學觀點證實是恙蟲病，並寫了報告給中央衛生部，還公開發表。從前恙蟲病在廣州未聽說有流行，廣州淪陷後才有恙蟲病流行。1951 年廣州約有五百人患恙蟲病，經過廣州衛生部門大力開展防疫滅鼠工作，1952 年後逐漸減少，到 1955 年後，極少發現，但四鄉外縣還有。1952 至 1953 年，我們進行疫情調查時，發現廣州大石街及小北一帶，恙蟲病人較多，在大石街捉到的老鼠身上所帶的恙蟲率最高，恙蟲身上亦有立克次體。據當時大石街的老居民反映，日軍佔領廣州後，在大石街三巷西邊的廣東女子師範學校（在現廣東省人民政府後大半部分）裏駐過日軍軍隊，有人看見日軍養了不少廣東黑色老鼠，還養了許多馬，又常捉中國人，這些是否與日本軍隊搞細菌戰有關呢？據我所知，日本有恙蟲病，對此病很有研究。[27]

他又特別指明：「當時廣東的老鼠是沒有這種叫『紅瘍病』的，它是從日本演變過來的。」[28]

另外，原廣東防疫站副站長、廣東醫藥學院教務長、主任醫師施復晉（時年 85 歲）也來信指：

1946 年春在廣州收治回歸熱病人 50 例以上，是由體蝨叮咬傳播回歸熱螺旋體而發病的。廣州氣候比較溫暖，居民習慣沖涼（即洗澡），體蝨較少，一向少見此病，何故會在廣州流行，是值得考慮的問題。回歸熱流行還未停息，又發生天花流行、霍亂流行達千例以上。1947 年仍有

天花、霍亂流行。1948 年夏秋，發現恙蟲病流行……抗戰
初期，廣州民房被炸，如小北一帶破屋瓦礫成堆，正是鼠
類棲身活動場所，當時小北一帶，也有恙蟲病人就醫……
廣東雖早在前餘年前有此病，但千餘年來，未見有此病流
行，而何以 1948 年又在廣州流行，當時未做詳細研究。
1949 年廣州解放後，廣州仍有流行。20 世紀 50 年代在珠
江三角洲（如中山、佛山等地）也有流行，而且是暴（本
書編者按：應是「爆」）發流行（即一次發生數十例）。[29]

就上述專家提到的情況，沙東迅指「波」字第 8604 部隊的
細菌戰不止在抗戰時期，更在其後一段很長的時間都留下了嚴
重的疫情後果。

廣州讀者梁文堅也致函《羊城晚報》反映，1952 年其次女
2 歲時，住在離中山醫學院不遠的農林下路，突然得病，到中山
大學醫學院急診，當時的醫生說，如果再遲兩三個小時，便沒
得救了。醫生指出所患的是恙蟲病，是從老鼠身上傳染的，但
中國原本沒有這種病（流行），是抗戰時期由侵華日軍製造和帶
過來的細菌，放在老鼠身上生長，然後通過老鼠再傳到人身上
而引起發病的。後來其女兒住院數天才治好。[30]

另外，關於丸山茂所提及，日軍曾有以傷寒菌作為細菌武
器使用，本地市民也有相關的證言出現，與之互相印證。廣州
讀者張澤永（時年 66 歲）也致函《羊城晚報》，指：「1946 年
9 月我在南石頭廣州難民所內住過，患了副傷寒，由朋友送我
去市一醫院醫治了三個多月，總算死不了，留下了我這一命。
你的報道的確是事實。」[31] 因此，沙東迅認為，日軍於 1942 年投

放的副傷寒菌，直到 1946 年（即四年之後）尚有蔓延傳染的跡象。[32]

　　綜合此節所述，在抗日時期及其後，廣州陸續流行不尋常的疫病，如鼠疫、恙蟲病、復傷寒菌，並還有其他如霍亂、回歸熱、天花等，其時機與抗戰似乎有所聯繫，雖未有直接證據，但皆切合目前所知對「波」字第 8604 部隊的證言。

注釋

1　沙東迅：《侵華日軍在粵細菌戰和毒氣戰揭秘》（廣州：廣東高等教育出版社，2015），頁 90。
2　同上，頁 90−91。
3　同上，頁 90。
4　同上，頁 91。
5　同上，頁 112。
6　同上，頁 112−113。
7　同上，頁 113。
8　同上，頁 114。
9　《粵港 1942：南石頭大屠殺》，頁 212。
10　《侵華日軍在粵細菌戰和毒氣戰揭秘》，頁 114。
11　同上，頁 115。原文是：「石をもて打たるべき 身を 包みくゐる胸広き 人々に涙こぼれつ。」
12　《侵華日軍在粵細菌戰和毒氣戰揭秘》，頁 115。
13　同上，頁 116。
14　同上，頁 117−188。
15　同上，頁 118。
16　同上，頁 119。
17　同上，頁 131。
18　同上，頁 132。
19　同上，頁 132−133。
20　同上，頁 133−134。
21　同上，頁 135。

22 同上，頁 135。

23 日本糟川良谷記錄，沙東迅、陳艷玲譯，孫耀珠校。全譯文最早載於香港《聯合報》（1995 年 10 月 6 日至 7 日）、《南方日報》（1995 年 10 月 10 日）摘要發表。文件由沙東迅教授提供。轉引自《侵華日軍在粵細菌戰和毒氣戰揭秘》，頁 136－144。

24 同上，轉引自《侵華日軍在粵細菌戰和毒氣戰揭秘》，頁 143－144。

25 沙東迅記錄：〈訪問陳安良的記錄〉，轉引自《侵華日軍在粵細菌戰和毒氣戰揭秘》，頁 80。

26 〈廣東讀者李儉的來信〉，轉引自《侵華日軍在粵細菌戰和毒氣戰揭秘》，頁 80－81。

27 沙東迅記錄：〈訪問鍾之英的記錄〉，轉引自《侵華日軍在粵細菌戰和毒氣戰揭秘》，頁 82－83。

28 《粵港 1942：南石頭大屠殺》，頁 244。

29 〈施復晉的來信〉，轉引自《侵華日軍在粵細菌戰和毒氣戰揭秘》，頁 83－84。

30 〈廣東讀者梁文堅的來信〉，轉引自《侵華日軍在粵細菌戰和毒氣戰揭秘》，頁 84－85。

31 〈廣東讀者張澤永的來信〉，轉引自《侵華日軍在粵細菌戰和毒氣戰揭秘》，頁 82。

32 同上。

第六章

報章及文獻記錄

一、當年報章記錄

當時的報章主要為《南華日報》及《華僑日報》。《南華日報》當時屬汪偽國民政府（汪偽政權）旗下，開戰後被日本接管。後來，《南華日報》與《香港日報》的經營者獲釋，二者合併；《華僑日報》本是商業報，後與《大眾日報》合併，兩報亦有明顯政治傾向。

根據編者與王利文、譚元亨在香港中央圖書館查閱自1942年2月起的《華僑日報》與《南華日報》發現，《華南日報》1942年2月15日的新聞標題〈農曆元旦省港輪停航一天〉表示：「昨（14）日為卅四批歸僑出發之期。」也就是說，2月14日之前，已有34批歸僑被船運載出香港。據譚元亨所查得知，每批人數均在五千人上下，如第19批：「約五千餘人，由帆船十艘及大型汽船一艘載運，而各帆船則由小輪兩艘拖還⋯⋯」，[1]第26批：「開出原日行走港九之小輪民國號及大天利號，拖帶帆船四艘，於上午八時啟碇，四千歸僑，全數就道，無一落空。」

不過，該新聞稱：「自本月2日復航以來，原定隔日航行者，迫得改為每日航行而已，領歸鄉證之僑胞，尚苦於人多船少，無法附搭。」報道上數位有所出入，但數以十萬計「歸僑」被船載走，卻是不爭的事實。2月17日之報紙稱：

九龍各區政所，上月發出歸鄉證十萬，以居於油麻地

區者為多⋯⋯新香港存糧無多，當局乃勸市民歸鄉，並設有歸鄉指導委員會，於歸鄉者以極度便利，如發給米糧，備粥招待，免費乘船等。市民之自動或領證歸鄉者，為數已達四十餘萬人。

至翌日，有報道稱：

　　廣州市橋 17 日歸僑約 1,500 人凌晨即是數輩攜帶，集合威林臣碼頭候船出發，8 時由該會開出汽船一艘，拖帶帆船四艘，自碼頭啟碇僑胞下船，秩序良好⋯⋯

至 2 月 19 日，忽又報道：「市橋唐家灣兩線，昨日起停航十天。」但副標題卻稱：「在停航期間如歸僑仍眾，或將恢復航行。」

2 月 16 日的報道，標題是〈市橋唐家灣兩線，明日起照常航行，欲早歸鄉者宜摒棄行李〉：

　　⋯⋯其中直往廣州，或取道廣州回鄉者，約佔百分之七十強。及最近廣州防疫團，因發現僑民中有患虎列拉之故，盡將由市橋遣送廣州僑胞。原船改泊南石頭海面，經廿四小時檢疫手續，始難登陸。統計留省僑胞，民船達六十餘艘，影響所及，船隻遂不敷應用。

這證明日軍在南石頭難民所，特別是向「歸僑」船隻上投放「虎列拉」，已有相當多時日了。這則報道可謂鐵證，與丸山

茂的揭發成為互證。

之後的報道，亦值得琢磨。如有報道指出諸如「南海丸」、「海珠丸」，後來又有「雲陽丸」，甚至「白銀丸」等大型客輪，紛紛滯留廣州。這些客輪所載人數均在千數以上。我們前引的第 19 批、第 26 批等，均以大型客輪為主，帆船為輔，可見這船上難民之多。

又見以下新聞：〈南海丸因故逗留廣州，省港輪船今停航〉、〈今有兩輪開省 雲陽、宜陽丸昨天港今開少海珠丸船票可改乘雲陽丸〉、〈今省港船再停一天，自廿二日起，停航三天〉。這三則新聞，均可見「滯留」南石頭已經成了常態，當中提及「滯省（指省會廣州）未返」、「因故改期」、「因故逗留未返」……等等，據譚元亨分析，很有可能是日軍撒下沙門氏菌，使船上不僅也成為難民所，更成了細菌殺人場。從船上能逃出生天的，寥寥無幾，大都被拋屍江中，直到船上「清空」了，才回得來。

再而，又見〈南海丸昨日回港〉報道中所提及：「日前上省，因檢疫……留多天，昨日下午四時許回港。」[2] 以及〈市橋線歸僑昨檢疫，今特派輪載歸〉、〈海珠丸又滯廣州，省港全今停航〉[3] 等，都說明了航運的不正常。

7 月 26、27 日的新聞中，更提及有免費歸鄉的船班，十分可疑。如〈九龍地區事務所，請市民注意歸鄉良機，後日一連四天均有免費船〉：

> ……本月 29 日至 8 月 1 日，一連四天，為最後免費歸鄉期，在此期內返鄉，絕對安全，住宿俱備。船期 7 月

29 日至 8 月 1 日，早開市橋，唐家灣…… [4]

又如 7 月 27 日的報道〈護送貧苦民眾歸鄉，今日開始登記〉：

市橋唐家灣等線今日首先登記，今天登記者則可免申請之手續，半島方面，尚有 42 萬餘人。港人口統計 58 萬。[5]

而在此「最後期限」前，《南華》、《華僑》兩家報紙，都共同發表了兩篇人口統計的新聞，一則提及「港人口統計 58 萬人（注：僅指港島）」；另一則是「半島方面，尚有 42 萬餘人（注：僅指九龍半島）」。這比淪陷前的數字少了 70 至 80 萬。到 1943 年 3 月，又發動了再次大規模的「歸鄉」運動。至香港在日軍投降之日，只餘下不到 60 萬人，又有 40 多萬人消失了。

二、近年傳媒報道

南石頭事件自 90 年代開始受到內地學者關注、研究，漸漸引起了國內外不同傳媒關注，並加以報道。傳媒報道是由 1994 年 11 月到訪廣東的日本民間調查團之行開始。他們返回日本翌日（11 月 5 日），日本《神奈川新聞》以〈細菌戰部隊本部的確認〉為題進行報道；再次日（11 月 6 日）《神戶新聞》亦以〈中

國廣州，舊日軍「波」字第 8604 部隊，人體實驗的證言〉為
題進行報道；同日《信濃每日新聞》以〈「波」字第 8604 本部
確認，舊日軍細菌部隊民間訪問中國調查團，廣州的中山大學
中山醫學院，原隊員與居民的證言一致〉為題進行報道；[6] 此外
尚有日本共同通訊社於 11 月 6 日報道、合眾國際社於 11 月 10
日發出電文，內容均相似。後者的報道由中國《參考消息》於
1994 年 11 月 17 日發佈。[7]

《羊城晚報》連續就南石頭研究發表報道，引起大量讀者致
信提供證言，幫助研究有進一步進展。除此之外，陸續有境內
外報刊、電台、電視台轉發消息，消息流通於世界。由於報道
甚多，無法盡錄，故只取一部分介紹。[8]

按時序排列，刊載情況如下：

● 1994 年

11 月 18 日，學者沙東迅獲採訪，並提供《調查報告》，
及於次日往中山大學醫學院勘察現場，獲圖書館提供照片複印
件等。

11 月 19 日下午，《羊城晚報》頭版「周末特稿」發表題為
〈「8604」：黑幕與罪惡〉、副標題為〈這是一宗業經證實的驚人
消息：廣州有個被人為掩蓋達半個世紀的日軍細菌部隊遺址〉
的報道。此報章有一百多萬的發行量及聲望，引起社會上的強
烈關注。[9]

11 月 23 日，北京出版的英文報紙《中國日報》向沙東迅進
行電話採訪，並參考《羊城晚報》報道，題為〈日本細菌實驗

室在廣州發現〉。又，同日北京路透社據此發出電文。[10]

　　11 月 24 日，《羊城晚報》第二版「新聞內外」欄發表題為〈揭，揭開一頁血寫的罪惡；挖，挖出一段深埋的歷史〉、副標題為〈不畏艱辛，不避曲折，不怕威嚇，沙東迅教授發現並證實了侵華日軍駐穗部隊的蹤跡〉的報道，介紹沙東迅的調查經過。[11] 香港《東方日報》發佈北京路透社 23 日的電報報道，題為〈二次大戰期間又一細菌試驗場，日軍曾在穗設實驗室，港粵大批難民被害死〉[12]；《香港文匯報》報道，題為〈日軍殺港粵二萬難民，廣州發現細菌實驗室〉、副標題為〈在湯水中投放副傷寒菌令大批難民死亡〉。

　　11 月 25 日，香港《星島晚報》記者吳正平、黃偉強往廣州採訪沙東迅並取得《調查報告》作為報道，題為〈八六零四部隊細菌戰草菅人命，港粵難民成實驗犧牲者〉。11 月 25 日至 26 日，《羊城晚報》記者趙仲煒連載發表相關報道，題為〈穗發現日息軍部隊遺址〉。[13]

　　11 月 28 日，《羊城晚報》頭版顯著位置發表題為〈沙東迅一言驚四海〉、副標題為〈首次正式侵華日軍在廣州的「細菌暴行」；本報詳盡報道後，境內外傳媒紛紛轉載轉播〉的報道。[14]

　　12 月 7 日，《光明日報》駐廣東記者站主任彭周賢採訪沙東迅，發表報道，題為〈沙東迅教授最近披露調查成果，侵華日軍曾在廣東攪細菌戰殺害無辜難民〉。[15]

　　12 月 7 日，美國中文報紙《世界日報》據中新社北京七日電材料，並轉引《光明日報》報道，題為〈日軍侵華曾在粵攪細菌戰殺害難民〉。[16]

　　12 月 8 日，香港《聯合報》記者林翠芬至廣州訪問沙東迅，

發表報道，題為〈揭發廣州日軍細菌戰黑幕，沙東迅無懼匿名
電話恐嚇〉，並分七天全文連載《調查報告》。[17] 同日，香港《天
天日報》據中新社北京七日電和《光明日報》報道，題為〈侵
華日軍攪細菌戰，湯中投放副傷寒菌，大批粵港難民慘死〉。[18]

12 月 9 日，台灣《聯合報》報道，題為〈中國人的苦難，
寫入歷史〉，並分九天全文連載《調查報告》。[19]

12 月 18 日，發行國內外之《亞太經濟時報》頭版頭條刊登
了沙東迅、易雪顏譯〈鐵的史實，血的控訴 —— 侵華日軍在粵
進行細菌戰屠殺香港、廣州難民的證言〉一文。[20]

● **1995 年**

中共上海市委宣傳部主辦《台港澳報刊動態》1995 年第一
期轉載，記者趙仲煒於 1994 年 12 月 25 至 26 日在香港《文匯
報》刊載之報道，題為〈用細菌殺害大批難民 —— 穗發現日細
菌部隊遺址〉。又，上海《黨史信息報》第 211、222 期頭版頭
條也陸續報道此事。[21]

廣州《都市人》雜誌記者包軍、言成獲沙東迅協助，往廣
州、佛山採訪，於 1995 年 1 月號發表長篇報道，題為〈掩埋半
個世紀的罪惡歷史終見天日，侵華日軍廣州細菌暴行紀實〉。[22]

廣州《南風窗》雜誌 1995 第二期頭條，記者李輝發表長篇
報道，題為〈在抗日戰爭勝利 50 周年前夕，一段沉埋了半個世
紀的血淚史終於重見天日…… 半世紀，揭開「8604」之謎〉。[23]

1 月 8 日，《陽江日報》記者薛桂榮、鄭百解訪沙東迅，發表
頭版頭條報道，題為〈留得青史勵後人〉，並連載《調查報告》。[24]

期間，廣東珠江經濟電台記者牛日成、廣州電台記者孫宏利採訪沙東迅，以廣播或電話採訪直播。據說當年香港電台和電視台、台灣電台、《美國之音》等傳媒亦有報道。[25]

2 月 9 日至 11 日，香港《聯合報》特稿連載沙東迅文章，題為〈調查日軍在粵細菌戰有新進展 —— 倖存的兩位從香港回來的難民訴說當年經歷，廣州難民馮奇證實確有其事〉。[26]

6 月 22 日，《人民日報（海外版）》報道，題為〈中日專家合作調查證實，日軍曾在廣州用細菌殺人〉。中國新華社、中新社根據沙東迅《調查報告》，用中、英、西等文字發佈新聞稿，世界各大報刊、電台、電視台亦有轉載。[27]

6 月 25 日，香港《快報》記者往廣州採訪沙東迅，發表報道，題為〈1942 年香港鼠疫原因最新發現：懷疑日軍細菌戰〉。[28]

期間，廣州醫學院、廣東省社科院、廣州石化總廠等約二十個機構，邀請了沙東迅前往講述日軍在粵細菌戰的情況。[29]

8 月 9 日，《廣州日報》於第十五版整版發表報道，題為〈絕不允許慘絕人寰的悲劇重演 ——《揭開「8604」之謎》序言〉，發表沙東迅《調查報告》基本內容。[30]

9 月 7 日，廣州市領導機關召開紀念抗戰勝利的座談會，沙東迅在會上發言，揭露日軍在廣東的細菌戰罪行。[31]

● 1997 年

10 月 14 日，《陽江日報》第七版有報道，題為〈再訪粵港難民屍骨地 —— 慶祝抗戰勝利，悼念被日軍細菌戰殺害的粵港難民〉。[32]

● **2003 年**

8 月 19 日，《南方都市報》記者傅劍鋒、李鋒前往祭拜粵港難民，發表長篇報道，題為〈廣州南石頭難民營　六十年前日軍屠宰場〉。[33]

● **2004 年**

9 月，臨近廣東接受侵粵日軍投降 59 周年，《廣州日報》記者黃丹彤隨沙東迅尋訪廣州多處物證，並到增城市小樓鎮秀水村馬屎忽山，再次找到難民遺骨。記者之後撰寫了長篇報道，題為〈兩萬粵港難民慘死細菌戰〉。[34]

● **2005 年**

經中國外交部和國家廣電總局批准，英國廣播公司中文部記者董守良（George Dong，英籍華人）來穗採訪，以製作紀念中國人民抗日戰爭勝利特別節目。6 月 23 日，董守良到廣州省社科院採訪沙東迅，了解日軍在粵進行細菌戰情況。集團大洋網和省社科院外事辦副主任李小霖拍攝了採訪過程，並進行了報道，大洋網視頻部亦有採訪沙東迅。[35]

8 月 5 日，《南方都市報》記者許琨訪問沙東迅，發表長篇報道，紀念抗戰和世界反法西斯戰爭勝利周年。[36]

8 月 15 日，即日軍投降紀念日，記者李風荷先行採訪沙東迅，並於此日《人民日報》第十九版「特別關注」發表〈毋望廣東抗戰史〉一文，指出沙東迅是最早揭露在粵日軍進行細菌

戰的罪行，詳列經過，並強調須保存好日軍侵華罪證。[37]

● 2007 年

日軍侵華南京大屠殺 70 周年，「中華百年」系列活動委員會於 12 月 13 日舉行以「戰爭殘酷，和平可貴」為主題的國民教育講座。京港學術交流中心總裁李乃堯致信沙東迅教授，邀請其發表演講。[38]

● 2017 年

資深新聞工作者陸錦榮在《明報》上刊登文章〈埋在歷史下的南石頭慘案〉。[39] 文中提到他因曾讀譚元亨教授《南石頭大屠殺》一書，上面以反白字寫上「揭露日本華南『波』字第 8604 部隊犯下的兩大反人類罪行 —— 細菌戰和大屠殺」使他印象深刻。及後，認識了譚元亨教授，從譚教授手上接過他的贈書，聽他口述這段深埋在歷史中的慘案 —— 數以萬計香港人被困在廣州南石頭難民營，遭日軍注射細菌、被活體解剖，死得悲慘莫名，更「彷彿聽到死者冤魂從南石頭發出的悲鳴，要香港人記住這宗駭人聽聞的慘案」。

● 2018 年

曾任民政事務局副局長的許曉暉亦於《信報》撰〈隱沒的南石頭〉一文。[40] 她感嘆「隨着歲月流逝，一位又一位抗戰老兵直至最後一位總會相繼離逝，現在關懷老兵和透過老兵研究抗

戰歷史的朋友們終有一天亦會年華老去，大家和往後的人便只能單憑書本文字等二手資料去認識此段歷史。」故此，許女士衷心希望後人及早珍惜並學習歷史，用不同方法為香港有關的重要歷史片段作真實記錄保護流傳下來，這樣才可以不讓南石頭事件默默隱沒歷史長河中。另作家余非亦就國內外戰爭運用生化武器寫了一篇文章：

由格魯吉亞想及日軍侵華生化武器慘案
——廣州南石頭難民營事件

第一集談兩宗生化武器事件。兩件事年代不同，被證實的程度也不同。惟一相同之處，是有侵略野心及侵略史的國家，似乎都對邪惡的化武、生化武器特別有興趣。

先談近期的一宗。今年 9 月，格魯吉亞國家安全局前局長吉奧爾加澤在莫斯科舉辦新聞發佈會。會上表示，格魯吉亞境內靠近俄羅斯邊境的一個鎮，有一所盧加爾（Richard Lugar）醫學中心很可疑。吉奧爾加澤表示，那所高標準、封閉式實驗室在進行「致命試驗」，亦即生化武器試驗。盧加爾醫學中心進駐的是美國專家，2007 年興建，2011 年營運。早在 2015 年俄外交部已點名這中心有問題。

格魯吉亞國家安全局前局長吉奧爾加澤現在有進一步的揭發，他將懷疑美軍在實驗室從事生化武器計劃的文件放了上網。俄羅斯國防部明確表示會跟進。根據吉奧爾加澤的爆料，盧加爾實驗室進行包括人體實驗在內的多項實驗。根據檔案記錄，已有多人因實驗而死亡。此外，盧加爾實驗室正在研究利用昆蟲進行生物攻擊，例如使用無人機將已帶菌

的昆蟲運送到攻擊點，用傳染病來殺死對方的士兵。

當歐美大國在敘利亞內戰不斷指責俄羅斯及敘利亞政府使用化武，還不惜用白頭盔組織擺拍假證據的當下，會否這些大國自己在偷偷研發生化武器呢？真的天曉得。根據俄羅斯情報，美軍以生物醫學部的名義，滲透到獨聯體國家。

在格魯吉亞事件上，讓人留意到製造生化武器有兩個特徵。一是要用打算攻擊地點、當地的小生物做中介載體；二是要在攻擊點或區內人的身體上做人體實驗。因為不同地區，小生物有不同品種；而不同國家、不同族裔，也有不同的體質。研發邪惡的生化武器，要在擬攻擊地區附近做實體試驗。也因此，生化武器比較有跡可尋，也許會留下一點環境證據。

在上述的概念下，近日中國廣州市一個日軍侵華遺址是否得到保留，引起各方關注。

以下談位於中國廣東省廣州市的南石頭難民營細菌武器試驗事件。這件歷史事件雖然已開始累積一定的研究成果，也有學者在香港做講座，但是，不見得有很多香港人知道這段史實，即使事件的受害者有香港人。

先簡介來龍去脈。話說，香港於 1941 年 12 月聖誕節淪陷，在這個黑色聖誕後，香港就進入黑暗的三年零八個月。淪陷前 1941 年 7 月，英國人對香港人口做過統計，大概有 160 萬人。由於當時中國大陸半壁河山被日軍侵凌，不少內地人逃難香港，連湧入的難民在內，淪陷前的香港人口估計有 180 至 200 萬之間。

日軍佔領香港後，因為缺糧，曾實行糧食配給。至 1942

年初，日軍發起歸鄉行動，把香港市民驅趕回內地。到 1942 年 3 月，淪陷三個月，離開香港的大約有四十多萬人。當然，戰亂時期，數字只可以是個大概。而以 1942 年 2 月為例，經難民船強行運走的，一天之內就有五千多人。總之，至日本投降，即 1945 年中，依日軍統計，香港人口不足 60 萬。即是在淪陷的三年零八個月內，不見了 100 萬人。

上面提及日軍用難民船強行運走部分香港人，有部分被特別運送至某個地方，依現時的歷史證據，有部分港人被日軍經水路運往廣州南石頭難民營。而該處，有日軍 8604 細菌部隊。今年 8 月，香港歷史博物館曾舉辦南石頭慘案講座，當日演講廳座無虛席。當中有講題《日軍細菌部隊在南石頭殘殺香港難民的史實》。講座以大量影像及史料證明，當時日軍犯下了反人類罪行。史料反映，日軍 8604 細菌部隊以被送去南石頭難民營的香港市民進行試驗，將傷寒、鼠疫、沙門氏菌傳染給營內難民。而部分患者被送往所謂醫院後，其實是被日軍進行慘無人道的活體解剖。

大家對 8604 細菌部隊可能比較陌生，但是對哈爾濱仍保留多處罪證遺址的 731 部隊，應有所聞。原來 8604 和 731 部隊是有關聯的。駐紮在廣州的 8604 部隊，是惡名昭彰的 731 部隊四個分支機構之一。8604 部隊對外宣稱是「華南防疫給水部」，私底下則進行細菌及鼠疫實驗。另外，1644 部隊也是細菌部隊。細菌部隊的指揮，是罪孽深重的醫學博士石井四郎，他是細菌戰的罪魁禍首。

8604 細菌部隊當年在南石頭難民營進行細菌人體試驗，製造各種疫症。而中山醫院，就用作活體解剖，以及

細菌培植。根據南石頭老居民反映，日軍當時抓當地人打針、也安排被蚊咬。蚊，正是培植細菌的昆蟲介體之一。

在南石頭難民營每日死去的難民和香港人，屍首最初在營內兩個化骨池內，以一層死屍一層白灰填堆。後來死的人愈來愈多，化骨池已堆滿，於是就日以繼夜地用車將屍體運往附近的鄧崗斜，以「萬人坑」方式填埋。

廣州南石頭難民營的位置，是現在廣州海珠區靠近白天鵝賓館附近。近日有傳，說國慶節前，該處突然被發現舊房子被夷平了，幾個重要歷史遺跡就在瓦礫之下。據聞，推倒舊樓是準備發展地產項目。如果有人在該片土地上進行大型建築工程，那深埋在泥土下面的環境證據就會被破壞。究竟廣州南石頭難民營遺址的實際情況如何？值得跟進留意。

節目結束前做總結：有關注南石頭難民營歷史的學者和志願人士表示，廣州有關當局曾經答應會保護有關遺址，以便日後進行全面挖掘；甚至曾同意在附近設立罪行遺址紀念館。很希望破壞歷史遺址的事不會發生。也希望香港人，乃至全球華人一起關注南石頭難民營人體細菌實驗這段歷史。

731 部隊以及南石頭難民營，一北一南，是日本細菌戰的罪證，其遺址應該被保留及重視。這些反人類戰爭罪證可以教育下一代，令我們知道必須珍惜和平，珍惜民族復興，以及遠離戰爭。

余非　三藩市《星島中文電台》「時事觀察」節目
2018 年 10 月 8 日發佈（美國時間 2018 年 10 月 8 日）

注釋

1　譚元亨編著：《罪行圖錄——侵華日軍波字 8604 粵港細菌戰》（香港：香港知青出版社，2021）。

2　同上，頁 46。

3　同上，頁 47。

4　同上，頁 48－49。

5　同上，頁 49。

6　沙東迅：《侵華日軍在粵細菌戰和毒氣戰揭秘》（廣州：廣東高等教育出版社，2015），頁 92－93。以上日本出版的報紙複印件均由糟川良谷從日本寄予沙東迅。

7　《侵華日軍在粵細菌戰和毒氣戰揭秘》，頁 93－94。

8　同上，頁 99。

9　《侵華日軍在粵細菌戰和毒氣戰揭秘》，頁 98。

10　同上，頁 99。

11　同上，頁 98－99。

12　同上，頁 100。

13　《侵華日軍在粵細菌戰和毒氣戰揭秘》，頁 99－100。

14　同上，頁 99。

15　同上，頁 100－101。

16　同上，頁 101。

17　同上，頁 101－102。

18　同上，頁 102。

19　同上。

20　同上。

21　同上，頁 104。

22　同上，頁 102－103。

23　同上，頁 103。

24　同上。

25　同上。

26　同上，頁 104。

27　同上，頁 107。

28　同上。

29　同上。

30　同上，頁 107－108。

31　同上，頁 108。

32　同上。

33　《侵華日軍在粵細菌戰和毒氣戰揭秘》，頁 108－109。

34　同上，頁 109。

35　同上，頁 110－111。

36　同上，頁 109－110。

37　同上，頁 111。

38　文件由沙東迅教授提供。

39　陸錦榮：〈埋在歷史下的南石頭慘案〉，《明報》，2017 年 7 月 9 日，擷取自：https://news.mingpao.com/pns/%E5%89%AF%E5%88%8A/article/20170709/s00005/1499537042755/%E6%99%82%E4%BB%A4%E8%AE%80%E7%89%A9-%E5%9F%8B%E5%9C%A8%E6%AD%B7%E5%8F%B2%E4%B8%8B%E7%9A%84%E5%8D%97%E7%9F%B3%E9%A0%AD%E6%85%98%E6%A1%88（瀏覽日期：2020 年 12 月 27 日）。

40　許曉暉：〈隱沒的南石頭〉，《信報》，2018 年 5 月 25 日，擷取自：https://www1.hkej.com/dailynews/culture/article/1850107/%E9%9A%B1%E6%B2%92%E7%9A%84%E5%8D%97%E7%9F%B3%E9%A0%AD（瀏覽日期：2020 年 12 月 27 日）。

第七章

結語

一、直接證據至今缺失的原因

在上世紀 90 年代之前，中國內地幾無關於南石頭事件的記
錄。其後幸得研究者如沙東迅、譚元亨等逐一挖掘種種線索，
再加上曾服役於舊日軍「波」字第 8604 部隊的丸山茂、井上睦
雄提供證言，讓許多原本不能確認的疑點變得明朗。然而，除
此之外，至今未見有太多直接的證據可資研究。據中國軍事醫
學科學院研究員郭成周分析，其原因有二：

> 我們現在把它都查出來了，現在真相大白了，它不是
> 一般的衛生防疫機構，它是屬於陸軍參謀本部領導下的間
> 諜機構。機構本身具機密性，連他們自己的工作人員也不
> 許亂跑，光做他自己當中的一部分事情，這一部分的事情
> 也不知道在做甚麼事，對於整個完整的東西不知道。有的
> 日本人知道自己是在擴散細菌，但像這種人，日本人也用
> 很殘酷的手段把他們消滅掉──在最難的戰鬥就把他們派
> 到前線去就被打死了。所以很多人呢，到現在調查他們其
> 實都沒有回國，就是用殺人滅口的辦法把他們滅了。[1]

從郭成周的說明可知，日軍在華執行細菌戰的部門本屬於
機密機構，不但其他部門的軍人無從了解，甚至參與者對整件
事情也知道不多。此外，日軍也將少數知情者派往戰場前線戰
鬥，成為亂戰中的犧牲者，間接達到「殺人滅口」的效果。因

此，牛還的證人甚少。

丸山茂證言最後一部分，記錄了他回國前與「波」字第
8604 部隊班長的場守喜的對話，並追述戰後嘗試尋找的場守喜
不獲的情況。證言如下：

> （1942 年）8 月中旬，我患了瘧疾和猩紅熱病，回到了
> 部隊本部，所以不知道後來灘（南）石頭發生了甚麼事情。
> 按規定在前線作戰三年以上者，可分批回國內，我不安地
> 作着返回的準備。
>
> 10 月的某天，我聽到的場守喜叫我，就到宿舍外與他
> 見面，他說：「我不能和你們一起回國，我被派往新畿內
> 亞。你回去後，希望能去探望我的母親，她住在福岡的赤
> 間車站附近，告訴她我很好。」說着，他把所畫的簡圖和
> 住址交給我。這是我聽到的場守喜所說的最後的話。
>
> 他們這些轉移部隊要打甚麼仗呢？正在為回國而擔心
> 的我們不禁覺得背上一陣寒涼。在那班人裏面有前面提到
> 過的清水伍長，轉移部隊中只有他和的場守喜是長期在前
> 線作戰的。他倆應該是可以回國的，而為甚麼不能和我們
> 一起回國呢？大概是參與了灘（南）石頭細菌戰而要封住
> 他們的嘴巴吧。
>
> 幾天後，當我知道 20 師團要調到新畿內亞死拚時，我
> 終於明白為了殺死參與了灘（南）石頭細菌戰的的場守喜
> 和清水，上面才把他們送到新畿內亞去。
>
> 昭和十八年（1943 年）3 月，我退伍後去拜訪赤間車
> 站附近的場守喜的老家，但他母親不在，只有他妹妹一人

在，我只能說：「他很好。」不知道該怎樣對她說的場守喜
轉移去新畿內亞的事。

　　戰後，稍微穩定時，我託人查看了福岡縣府的回國人
員名單，發現的場守喜沒有回國。八年前，我有機會訪問
福岡，拜訪了赤間的一個辦事處，了解到的場守喜仍然沒
有回國的記錄。[2]

　　從丸山茂的證言可知，部隊中，唯獨牽涉執行細菌戰的場
守喜與清水伍長，無端被派往新畿內亞作戰，眾人都感到不尋
常。戰後，丸山茂幾度核實的場守喜失蹤，從此沒有回鄉。由
此推斷，當時日軍可能用此方式處理知情者。

　　另外，沙東迅稱與丸山茂見面時，丸山茂曾就的場守喜消
失一事提供了新消息。他寫道：「後來丸山茂來廣州時，親口告
訴筆者，他聽說的場守喜後換姓為加藤逃回到日本，但不敢回
故鄉，而是到處流浪，客死他鄉。」[3]

　　若此傳聞為真，的場守喜從戰爭倖存，但即使回到日本也
終生不能以真實面目出現，亦不敢回鄉。此則更見的場守喜曾
執行細菌投放任務的過去，讓其感到受莫大威脅，以致須向國
家隱瞞自己從戰爭中活命的事實，以假身份渡過餘生。以上發
現反映，日軍有心隱瞞在粵利用細菌進行任務之事，故有關實
情沒有流傳，證人稀少，實非奇事。

二、南石頭的隱秘狀態 —— 以佐藤俊二審判為例

據沙東迅記錄，丸山茂還附帶談到他當年尚在部隊中服役時的部隊長佐藤俊二，說明其後來的情況：

> 昭和十八年（1943 年），他調任南京的「榮」字第
> 1644 部隊長，一年後，晉升為軍醫少將，成為滿州第五軍
> 的軍醫部長。戰爭結束後，成為蘇軍的俘虜，作為細菌部
> 隊一系列細菌戰審判的被告，接受了審訊。據記錄，他作
> 為「榮」字第 1644 部隊長，協助 731 部隊開展了瘟疫菌、
> 傷寒菌、副傷寒菌的細菌戰；作為第五軍的軍醫部長，他
> 承認指導 731 部隊的兩個支隊，但對指揮「波」字第 8604
> 部隊的灘（南）石頭細菌戰，與航空部合作在中國內地散
> 發瘟疫彈的細菌戰卻矢口否認。[4]

丸山茂所指的審訊，即 1949 年於伯力審訊法庭上展開的聆訊。關於「波」字第 8604 部隊的史料裏，這是最早的記載，[5]但其中提及「波」字第 8604 部隊的具體行動或南石頭事件的內容，卻少之又少。

佐藤俊二受審的過程中，公訴人主要問及他調職「榮」字第 1644 部隊等情況，顯然其後來犯下的戰爭罪行較嚴重，故只略提他在「波」字第 8604 部隊的職務。摘錄如下：

> 國家公訴人：被告佐藤，你是甚麼時候接任「波」字第
> 　　　　　　八六〇四部隊長一職，以及擔任過多久時間呢？
> 被告佐藤：我擔任駐屯廣州「波」字第 8604 部隊長一職，
> 　　　　　是從 1940 年 12 月起，至 1943 年 2 月止。
> ……
> 問：「波」字第 8604 及「榮」字第 1644 這兩個部隊，是甚
> 　　麼時候成立的呢？
> 答：是在 1939 年間成立的。[6]

　　佐藤俊二的律師波加切夫的辯詞，則明確指出「波」字第 8604 部隊亦擔任細菌製造的角色，但亦只是點到為止。

波加切夫指：

> 　　佐藤承認說自己所犯的罪就是他領導過「波」字和「榮」字兩個細菌部隊，指導過各該部隊去製造細菌武器以資準備對蘇聯及對其他國家進行細菌戰。他曾把這種任務當作自己的軍人職責來執行過。
>
> 　　此刻很難斷定的是，究竟佐藤奉到要準備細菌武器的任務時，他內心裏是否有過甚麼鬥爭，究竟他當時對這一不僅遠遠超出軍醫普通職責根本相反的任務採取了甚麼態度。[7]

　　波加切夫認為佐藤俊二的積極性低，理由如下：第一、佐藤俊二精於病理學而非細菌學；第二、他不曾在執行任務期間獲得獎章，證明沒有立下特殊功勞；第三、他在「波」字第

8604 部隊已建立數年後才加入，沒有建立之功。[8]

他又比較說：

> 佐藤的作用，較之當時所進行的細菌破壞活動和在活
> 人身上所作的種種實驗，以及第 731 部隊內部監獄刑室中
> 有三千人被害死的事實說來，是要輕得多。[9]

並引用說：

> 在庭審時，宣讀過關東軍司令部作戰部長松村的口
> 供，其中說道，那時關東軍中幾乎所有各陸軍部隊都進行
> 過捕鼠工作。所以，佐藤在此場合所給與的協助並沒有起
> 過積極性的作用。他在這裏並沒有表現過主動性，並沒有
> 起過倡首作用。他不過是重複了他周圍人們所幹的事情。[10]

最終，審訊沒有就「波」字第 8604 部隊的情況再作深入探
究。判決書中關於佐藤俊二的內文摘錄如下：

> 佐藤俊二，1896 年生於愛知縣，豐橋城，日本人，軍
> 醫少將，細菌科醫生，前日本關東軍第五軍團軍醫處長；[11]
> 佐藤俊二，從 1941 年起，任廣州隱稱「波」字部隊的
> 細菌部隊長，在 1943 年間又被任為與此相同的南京「榮」
> 字部隊長。佐藤在先後主持這兩個部隊時，參加過製造細
> 菌武器和準備細菌戰的工作。[12]
> 對於佐藤俊二，根據蘇聯最高蘇維埃主席團 1943 年

4 月 19 日法令第一條例判決禁閉在勞動感化營內，期限 20 年。[13]

對於當年的審判結果，身為南石頭研究主要學者之一的沙東迅指出，佐藤俊二逃過死刑的判決，是因其「在伯力審判中極力隱瞞直接指揮秘密使用細菌武器殺害成千上萬的粵港難民等的嚴重罪行」。[14] 南石頭事件不僅在當年日軍部屬之間呈隱密狀態，即使在高階將領受審判之際，也受到忽略，從未曾正式公諸於世。

三、近年有關南石頭保護及考究進展 [15]

為了在日後為那些千千萬萬在南石頭失去寶貴生命的中國同胞伸冤，保護南石頭遺址 —— 慘案發生的現場，至關重要。現時有關南石頭遺址的保護及考究，已取得一定進展：

首先，廣州市文物保護部門便曾邀請廣東海上絲綢之路研究院成立課題組，收集歷史資料，前赴哈爾濱 731 部隊陳列館尋求合作。課題組與湖南常德日軍細菌戰研究所，以及香港、上海、日本、台灣各地學者合作，提供了包括南石頭難民營遺址的歷史建築資料、原廣東傳染病院資料、香港日軍細菌研究所資料在內的最新文獻研究；並在南石頭採訪到當年親歷者，證實了所長室、廚房、醫院的所在遺址。研究表明，所謂「廣

州南石頭日軍細菌戰試驗史實尚未有確鑿證據證實」的陳述，
是不成立的。

　　其二，課題組聽取了 731 部隊陳列館的經驗：他們赴日本
44 次，找到原 731 部隊超過一百名的老兵，並搜集了大量證
據。館方提醒我們如果可以盡早到日本，還可能找到十個八個
8604 部隊老兵，搶救史料。另外他們又赴美七次，帶回了日軍
交美軍現已解密的大批資料，建議我們要去美國史丹福大學、
哈佛研究院、國會圖書館搜證。另外，香港、上海、台灣學者
還給課題組提供了日本、美國可以合作的團體、學者名單。因
此，2019 年中課題組提出：增加研究經費，安排到日本、美國
搜集文獻及其他證據，並要求文保部門派出專業人員一起參與
調查研究，搜尋更多的「第一手文獻資料」，現在計劃報批之中。

　　其三，原南石頭監獄應位於現南石路 28 號範圍內，其地表
建築已幾乎被毀（僅在興隆大街南側殘存了一些圍牆痕跡），
被毀情況是發生在 2018 年 9 月；而 2017 年 2 月，中國文物保
護基金會理事長勵小捷親臨現場視察後，就要求做好保護工
作。編者得悉被拆消息後，即從香港趕赴廣州，與王利文、譚
元亨等，在阻止了遺址全部被毀後，即提出保護好未受影響的
所長室、廚房、醫院遺址，要求在原址發掘出化骨池及水井等
遺跡。市文保部門即時答應了。現在過了兩年多，所長室、廚
房、醫院未見任何保護措施，「原地發掘」則仍在「協調」。

　　其四，2017 年 2 月，政府答應「利用現有的文物建築進
行展覽展示」，2018 年 8 月已經決定撥款百多萬，修復「防疫
所」；而「待修繕完成之後，計劃在其先設置日軍侵華相關的歷
史展覽對外開放」。實際上，有關部門並沒有把廣州南石頭日

軍侵華史跡作為日軍侵華罪行的重要證據，以其對國人特別是對粵港青少年進行愛國主義宣傳教育，未舉辦過有影響力的活動，也不接受課題組把已經在市規劃館舉辦過的展覽移到所在地區展出。同期，有關團體（包括海珠區政協）已經在廣州、香港舉辦大型展覽、研討會、演講會十數次，印發刊物，在國內外報刊、電台、電視台發表逾百次，受眾超過十萬人。

其五，對中山醫發佈《增城秀水村出土南石頭難民營遇難者遺骸的體質人類學研究》的結果後，不少學者提出異議，要求由中央文物保護機構指定的異地檢測或由擁有國際先進科技的機構進行檢測。另外，在細菌戰受害人大量出土的鄧崗斜萬人坑進行考古發掘，是「有確鑿證據證實」重要一環，廣東省文物局早已應諾進行發掘，至今仍待進展。

南石頭事件在歷史上本來不甚為人所知，亦暫未尋到決定性的政府文獻，完全揭露其真相。複雜的情況說明，此事在過去可能全面受到隱瞞。因此，南石頭事件的可信性實在難以單純從文獻之多寡有無來下判斷，更不能糾纏在「南石頭死了多少人」的數字爭拗上，反而必須重視各種口述史料與推論及地下發掘。希望日後各界學者一起努力，查找文獻及相關資料，讓整個事件的真相可以早日澄清。

幸而，近日中共廣州市委正式承認，南石頭難民營曾經「成為『波』字 8604 部隊細菌試驗場」、「無辜粵港難民成為細菌武器的試驗品」，並把此地作為廣州市政府在 2021 年 3 月 25 日公佈的第九批文物保護單位。我們衷心希望，在南石頭被殘害的香港難民早日沉冤得雪，孤魂歸家，切不可留下千年餘悲！

注釋

1　譚元亨：《粵港 1942：南石頭大屠殺》（北京：西苑出版社，2015），頁 233。
2　〈侵華日軍在粵進行細菌戰，屠殺香港難民的證言〉，載《廣州都市人》（1995 年 1 月），頁 17 至 18。
3　沙東迅：《侵華日軍在粵細菌戰和毒氣戰揭秘》（廣州：廣東高等教育出版社，2015），頁 50。
4　同上。
5　陳致遠：《日本侵華細菌戰》（北京：中國社會科學出版社，2014），頁 241。
6　【蘇】《前日本陸軍軍人因準備和使用細菌武器被控案審判材料》（中文本）（莫斯科：外國文書籍出版局，1950），頁 324。
7　同上，頁 543。
8　同上，頁 543－544。
9　同上，頁 544。
10 同上，頁 545。
11 同上，頁 571。
12 同上，頁 580。
13 同上，頁 682。
14《侵華日軍在粵細菌戰和毒氣戰揭秘》，頁 50－51。
15 見附件十一、十二。

附錄

● 一、中國文物保護基金會致吳軍捷會長信件

中国文物保护基金会

吴会长:

您好!感谢贵会的信任,也谢谢您详细的介绍,帮助了我们对该项目的了解。南石头惨案遗址,是一处重要的反映日军侵华罪行的遗址,具有极具重要的历史价值和爱国主义教育意义,如果能够实现项目设计目标,有可能形成与哈尔滨"七三一"遗址同等重要的展示研究基地。我会高度重视并十分赞同贵会的提议,愿参与其中,发挥公益基金会的优势,共同成就此项目。

后续,我会请发展部主管及专项基金负责人与您取得联系,并商讨下一步合作事宜。期待保持联系,若需其他协助,也请不吝来信指教。

敬祝

安好!

中国文物保护基金会

理事长 厉小捷

2017 年 1 月 18 日

● 二、「南石頭慘案保護」項目研討會會議紀要

中国文物保护基金会

"南石头惨案保护"项目研讨会会议纪要

2017 年 2 月 22 日，中国文物保护基金会理事长励小捷一行参加"南石头惨案保护"项目研讨会。会议由广东省文物局副局长颜永树主持，中国文物保护基金会理事长励小捷、副理事长董琦、秘书长詹长法、广州市文物局总工程师刘晓明、香港抗战历史研究会会长吴军捷、副会长张方等人出席会议。

会上，海珠区文广新局、南石头街道负责人首先向与会专家介绍了侵华日军华南防疫给水部遗址、粤港难民纪念碑及广州造纸厂遗址三处历史遗迹的基本情况和保护工作。随后，与会人员针对南石头难民营难民死难、侵华日军在广州是否实施细菌战等多个问题进行了深入讨论。一致认为"南石头惨案保护"项目对于还原日军侵华历史真相及促进香港爱国主义教育具有重要意义。对于历史史实，应利用信息技术、考古调查等方式对文献历史记载进行深入发掘和研究。

最后，中国文物保护基金会理事长励小捷强调以下 4 点：

一、"南石头惨案保护"项目正处于研究和进一步理清事实的阶段，是香港青年爱国主义教育的重要题材，具有重

要意义，应进一步做好研究和利用。

二、建议以政府文物部门为研究主体，利用文史、地方志、高校、博物馆等多方力量形成研究机制，通过文献和民调、口述、基本建设考古调查等多种方式，客观的、有阶段性的进一步推进和深化研究。

三、对项目未来架构要有进一步规划，"南石头惨案保护"项目应纳入纸厂片区城市建设规划，并符合区域的整体发展规划需求。将历史遗迹、文化元素保存好、利用好，发挥其最大作用，让市容市貌和群众居住条件有所改善。将文物保护与民生需求相结合，做到历史传承与社区发展相互促进。

四、中国文物保护基金会将在基金会定位和职能的基础上积极参与"南石头惨案保护"项目，支持香港抗战历史研究会会长吴军捷提出的建立"南石头惨案保护"项目专项基金的想法。专项基金要积极配合开展史料收集等方面工作，但在目前阶段，暂不可开展社会公募项目，可以通过定向募集的方式开展相关工作。

　　出席會議：勵小捷、董琦、詹長法、顏永樹、劉曉明、吳軍捷、張方。

　　參加會議：譚元亨、王利文、陳萬鵬、劉小明、廖文、李明涌、黎顯衡、劉愛河、陶錚、邢潔、陳映紅、程曉勵、吳軍幼、謝強。

● 三、關於同意設立「中國文物保護基金會南石頭難民營遺址
　　保護專項基金管理委員會」的通知

中国文物保护基金会

文基发〔2018〕3号

关于同意设立"中国文物保护基金会南石头难民营遗址保护专项基金管理委员会"的通知

基金会各室、部，各专项基金管理委员会：

经中国文物保护基金会理事长办公会研究，同意设立"中国文物保护基金会南石头难民营遗址保护专项基金管理委员会"。任命黄伟雄先生为该专项基金主任；吴军捷为该专项基金执行主任。该专项基金应根据捐赠人意愿，主要开展以下工作：

（一）南石头难民营资料是香港青年爱国主义教育的重要题材，要进一步研究和理清。利用现有的资料进行宣传，使南石头惨案能够为粤港市民广为知晓，寻找亲历者、家人及后人，尽量收集历史资料。

（二）以政府文物部门为主体，组织包括史学界、高校、民间各方面研究人才，通过文献、民调、考古调查等方式，开展有关史料收集、整理、研究工作。

（三）利用现有建筑遗址或文化遗存，进行相关历史资料的展览。

（四）用展览展示、书籍出版、影视等形式进行宣传，同时组织开展有关爱国主义教育的活动。

中国文物保护基金会南石头难民营遗址保护专项基金管理委员会要严格遵守国家的法律法规，按照本基金会的宗旨及相关规定开展工作，努力为文物保护事业做出贡献。

专此。

中国文物保护基金会

2018 年 3 月 6 日

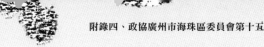

● 四、政協廣州市海珠區委員會第十五屆二次會議提案

<u>教科文卫体类 3026</u> 号

政协广州市海珠区委员会第十五届二次会议
提案

案 由	关于保护南石头粤港难民历史遗址的建议		
第一提案者	港澳组		
联名提案者	民族宗教组		
所在委员会及活动组	港澳委港澳组	召集人签名（集体提案填写）	
工作单位	区政协		
电 话		手机	13760823706
通讯地址	区政协	邮编	
电子邮箱			
是否愿公开发表	是	是否第一次提出	是
建议办理单位			
提案委员会审查意见			
主办单位	区文广新局		
会办单位	区委宣传部；区地方志办；南石头街		

理由：

社会在变化，历史不会忘。我们应该铭记历史，特别是铭记近代史。有资料显示，在广州南石头这块地方，就曾经埋葬了当年被日军以细菌战（这种公然违反国际公约的反人类犯罪手段）杀害的数万粤港难民。联想到前期曾经出现的"港独"事件，需要提供更多的机会让年轻人了解中国的近代史，从而进一步增强青少年的爱国意识，进一步增强港澳同胞与内地同胞团结一致的信念，因此，提议对位于广州市海珠区南石头街道的南石头粤港难民历史遗址进行保护，缅怀遇难的粤港同胞，纪念那段屈辱的历史。

根据历史资料记载，1938 年 10 月 21 日下午 3 时 30 分，日军侵占广州市政府，广州沦陷。1941 年 12 月 8 日日军入侵香港，12 月 25 日港督杨慕琦到半岛酒店会见日军代表签署投降书，香港正式沦陷。1939 年，日军在广州组建了细菌战机构：波字第 8604 部队，对外称华南防疫给水部，实际上是罪恶昭著的侵华日军细菌部队"731 部队"的 4 个分支机构之一。部队长为佐藤俊二军医大佐，配属有 1200 余名专业人员。大本营设于广州百子路(现中山二路)原中山大学医学院内。本部下设总务课以及细菌研究、给水研究、传染病治疗研究、鼠疫研究和病体解剖、器材供应 5 个课及疟疾研究室、细菌培养室等。该部除担负侵粤日军防疫给水保障任务外，主要从事细菌和各种传染病的研究及实施细菌战。在部队长佐藤俊二指挥下，采取在食物中散播疫菌、人体注射和带

菌蚊虫、跳蚤、老鼠传播等手段，秘密杀害中国军民，并留下严重的疫情后果。

侵华日军华南防疫给水部的分部遗址就位于广州市海珠区南石头街道棣园社区南石西路兴隆大街 44 号，当时这个两层小楼被伪政府占用，对外称粤海港检疫所，名义上是处理广州市内河船运的保管和检疫。距其不到三百米就是广州南石头惩戒场所在地，在广州沦陷时惩戒场作为南石头难民收容所成为了波字第 8604 部队实施细菌战的试验场。

香港在沦陷前有 160 万人口，这其中包括部分从广州逃到香港避难的广州难民。香港沦陷后，1942 年 1 月，香港的日军政厅企图把市民赶出占领区，无法度日的难民约近百万人涌向广州。军方为了保持广州市的治安稳定，也不让他们进入广州市。当时广州当局把原南石头惩戒场改为"广东省南石头难民收容所"，原意是将粤港难民和流浪街头、无家可归的乞丐集中收容救济。难民们万万没有想到，自己后来竟然陷入了日军在华南施行惨无人道的细菌战试验的魔窟，充当了"活人试验品"，其中也包括南石头本地一些为免饿死而进入的贫苦居民。由于收容所里人满为患，部队长佐藤俊二军医大佐口头命令秘密地使用细菌武器屠杀了大批香港及广东本地的难民。

深知细菌武器屠杀难民秘密的场守喜伍长把杀人内幕告诉了丸山茂。丸山茂是日军原 8604 部队的第一课细菌检索班的兵长、班长。因无法忍受良心的折磨，他于 1993 年写下了屠杀的证词，

1994 年寄至中国，1995 年转到了广东省社科院历史研究所沙东迅教授手中。也就是那一年，日军细菌武器下的幸存者之一，居住在广州海珠区南石西一个老巷子的肖铮老人才知道自己左脚受创伤的真正原因——罪恶的细菌实验。亲身经历这一残忍事件的肖铮自制了当时南石头村难民所图表，回忆了当年的恐怖往事，当年的难民收容所如同人间炼狱，每天都有几十人在难民营里非正常死亡。在上世纪五十年代，广纸集团在南石头地块进行开发建设时，就曾多次挖到层层叠叠的尸骨。1995 年，适逢世界反法西斯战争暨中国抗日战争胜利 50 周年之际，在当年曾经发掘出数千骸骨的南基路邓岗斜，建造了"粤港难民之墓"墓碑，以纪念那些在此地遇难的粤港同胞。

1995 年至今，22 年又过去了，华南防疫给水部遗址、"粤港难民之墓"墓碑默默地守着当年的记忆，湮没在城市发展的繁华中。可是越来越多的有识之士不断意识到保护遗址、守护记忆的重要性。

香港抗战历史研究会经过多方努力，获得各方支持，并与中国文物保护基金会合作筹组"南石头遗址专项保护基金"，开始进一步资料搜集、求证、修护和筹划建馆等工作。研究会会长吴军捷（区政协第十、十一、十二、十三届香港委员）也去函时任广东省省长的朱小丹同志，希望穗港联动，把南石头难民营珍贵的历史遗迹保护好，建成一个有粤港两地特色的纪念馆，一个具有规模的爱国主义教育基地。朱小丹同志，广州市委书记任学锋，

广州市委宣传部部长徐咏虹先后为"南石头粤港难民历史遗址保护"作了批示。

"海珠区政协港澳委员联谊会"、"香港海珠各界联合会"也为了南石头惨案研究工作积极奔走，在重要场合宣传和呼吁大家参与支持，并免费派发谭元亨教授所著的《南石头大屠杀》及《香港人不能忘记》小册子，希望更多人了解这段历史。

中国文物保护基金会理事长，原文化部副部长、国家文物局长励小捷在参观相关遗址后也充分肯定了南石头项目的意义和重要性，对今后的工作发表了指导性意见。

办法:

我们建议对南石头粤港难民历史遗址进行保护。目前，难民营遗址仅剩几间当年被侵华日军用作厨房操作间的房屋及一小段残垣断壁，建议在此基础上保护、发掘、重修难民营遗址，并且通过广东省、广州市、海珠区的文史机构、香港抗战历史研究会以及当年的见证人收集历史材料、图片、证言，汇总分类形成展示体系，当遗址保护、修复以及历史文献资料收集完成之时可以考虑建议一个爱国主义教育纪念馆。

保护南石头粤港难民历史遗址，不仅对粤港人民意义重大，也对整个珠三角地区有重要的意义:

一、保护南石头粤港难民历史遗址，能够填补广州沦陷期间的历史空白

广州现在确定的爱国主义教育基地一共 66 处，虽然有反映抗战历史的教育基地，但是全面介绍这段历史的景点却没有。另外广州现仅存的几处抗战纪念文物保护遗址也逐渐湮没在不断变化的城市中。虽然广州沦陷在广州 2231 年历史里仅仅只有短短的 7 年，但是这 7 年是广州乃至全珠江三角洲地区最黑暗最屈辱的七年，因此在南石头项目基础上建立一个全面立体介绍当年历史的爱国主义教育基地有重要的意义。

二、保护南石头粤港难民历史遗址，能够增强香港民众特别是青少年的爱国意识

自古粤港一家亲，南石头项目的遇难者也主要是香港难民，

-5-

南石头纪念馆对香港的爱国教育有很大的辐射作用。近两年，香港"占中事件"后，港独势力蔓延，2016年又发生新议员辱华"宣誓事件"，在现在这个时间点保护南石头粤港难民历史遗址，能及时向香港同胞特别是香港新一代青少年进行爱国主义教育，增强港人的爱国意识和民族归属感，实现真正意义上的粤港一家亲。

三、保护南石头粤港难民历史遗址，加强爱国主义教育，对团结粤港群众甚至珠三角地区群众有长远的作用

珠江三角洲地处中国大陆板块南部，有许多优良的深水港码头，广州更是当年海上丝绸之路的起点和中国改革开放的南大门。当前，国际局势风云变幻，美国在韩国部署萨德导弹防御系统，日本右翼军国主义蠢蠢欲动，台湾亲美派当权，南海局势紧张，这一系列的问题说明在发展经济的同时，我们不能放松警惕，应对南石头粤港难民历史遗址进行保护，客观公正、全面真实地宣传这段历史，可以深入推进岭南地区的文化建设和爱国教育，团结广大群众，在精神领域守好中国的南大门。

● 五、榮譽證書

荣誉证书

　　区政协港澳组、民宗组 于政协第十五届海珠区委员会第二次会议上提出的《关于保护南石头粤港难民历史遗址的建议》提案，被评为优秀提案。

　　特此表彰。

二〇一九年十二月十九日

● 六、關於建立「南石頭大屠殺紀念館」的建議

关于建立"南石头大屠杀纪念馆"的建议

海珠区政协民族宗教组、港澳组

社会在变化，历史不会忘。我们应该铭记历史，特别是铭记近代史。在广州南石头这块地方，就曾经埋葬了当年被日军以细菌战（这种公然违反国际公约的反人类犯罪手段）杀害的数万粤港难民。联想到前期曾经出现的"港独"事件，需要提供更多的机会让年轻人了解中国的近代史，从而进一步增强青少年的爱国意识，进一步增强港澳同胞与内地同胞团结一致的信念，因此，提议在广州市海珠区南石头建立"南石头大屠杀纪念馆"，缅怀遇难的粤港同胞，纪念那段屈辱的历史。

1938 年 10 月 21 日下午 3 时 30 分，日军侵占广州市政府，广州沦陷。1941 年 12 月 8 日日军入侵香港，12 月 25 日港督杨慕琦到半岛酒店会见日军代表签署投降书，香港正式沦陷。1939年，日军在广州组建了细菌战机构：波字第 8604 部队，对外称华南防疫给水部，实际上是罪恶昭著的侵华日军细菌部队"731 部队"的 4 个分支机构之一。部队长为佐藤俊二军医大佐，配属有1200 余名专业人员。大本营设于广州百子路（现中山二路）原中山大学医学院内。本部下设总务课以及细菌研究、给水研究、传染病治疗研究、鼠疫研究和病体解剖、器材供应 5 个课及疟疾研究

室、细菌培养室等。该部除担负侵粤日军防疫给水保障任务外，主要从事细菌和各种传染病的研究及实施细菌战。在部队长佐藤俊二指挥下，采取在食物中散播疫菌、人体注射和带菌蚊虫、跳蚤、老鼠传播等手段，秘密杀害中国军民，并留下严重的疫情后果。

侵华日军华南防疫给水部的分部遗址就位于广州市海珠区南石头街道棣园社区南石西路兴隆大街 44 号，当时这个两层小楼被伪政府占用，对外称粤海港检疫所，名义上是处理广州市内河船运的保管和检疫。距其不到三百米就是广州南石头惩戒场所在地，在广州沦陷时惩戒场作为南石头难民收容所成为了波字第 8604 部队实施细菌战的试验场。

香港在沦陷前有 160 万人口，这其中包括部分从广州逃到香港避难的广州难民。香港沦陷后，1942 年 1 月，香港的日军政厅企图把市民赶出占领区，无法度日的难民约近百万人涌向广州。军方为了保持广州市的治安稳定，也不让他们进入广州市。当时广州当局把原南石头惩戒场改为"广东省南石头难民收容所"，原意是将粤港难民和流浪街头、无家可归的乞丐集中收容救济。难民们万万没有想到，自己后来竟然陷入了日军在华南施行惨无人道的细菌战试验的魔窟，充当了"活人试验品"，其中也包括南石头本地一些为免饿死而进入的贫苦居民。由于收容所里人满为患，部队长佐藤俊二军医大佐口头命令秘密地使用细菌武器屠杀了大批香港及广东本地的难民。

深知细菌武器屠杀难民秘密的场守喜伍长把杀人内幕告诉了丸山茂。丸山茂是日军原 8604 部队的第一课细菌检索班的兵长、班长。因无法忍受良心的折磨，他于 1993 年写下了屠杀的证词，1994 年寄至中国，1995 年转到了广东省社科院历史研究所沙东迅教授手中。也就是那一年，日军细菌武器下的幸存者之一，居住在广州海珠区南石西一个老巷子的肖铮老人才知道自己左脚受创伤的真正原因——罪恶的细菌实验。亲身经历这一残忍事件的肖铮自制了当时南石头村难民所图表，回忆了当年的恐怖往事，当年的难民收容所如同人间炼狱，每天都有几十人在难民营里非正常死亡。在上世纪五十年代，广纸集团在南石头地块进行开发建设时，就曾多次挖到层层叠叠的尸骨。1995 年，适逢世界反法西斯战争暨中国抗日战争胜利 50 周年之际，在当年曾经发掘出数千骸骨的南基路邓岗斜，建造了"粤港难民之墓"墓碑，以纪念那些在此地遇难的粤港同胞。

1995 年至今，22 年又过去了，华南防疫给水部遗址、"粤港难民之墓"墓碑默默地守着当年的记忆，湮没在城市发展的繁华中。可是越来越多的有识之士不断意识到保护遗址守护记忆的重要性。

香港抗战历史研究会经过多方努力，获得各方支持，并与中国文物保护基金会合作筹组"南石头遗址专项保护基金"，开始进一步资料搜集、求证、修护和筹划建馆等工作。研究会会长吴军捷（区政协第十、十一、十二、十三届香港委员）也去函时任

广东省省长的朱小丹同志，希望穗港联动，把南石头难民营珍贵的历史遗迹保护好，建成一个有粤港两地特色的纪念馆，一个具有规模的爱国主义教育基地。朱小丹同志，广州市委书记任学锋，广州市委常委、宣传部部长徐咏虹先后为"南石头粤港难民历史遗址保护"作了批示。

"海珠区政协港澳委员联谊会"、"香港海珠各界联合会"也为了南石头惨案研究工作积极奔走，在重要场合宣传和呼吁大家参与支持，并免费派发谭元亨教授所著的《南石头大屠杀》及《香港人不能忘记》小册子，希望更多人了解这段历史。

中国文物保护基金会理事长，原文化部副部长、国家文物局长励小捷在参观过相关遗址后也充分肯定了南石头项目的意义和重要性，对今后的工作发表了指导性意见。

建立"南石头大屠杀纪念馆"，不仅对粤港人民意义重大，也对整个珠三角地区有重要的意义：

一、建立南石头大屠杀纪念馆，能够填补广州沦陷期间的历史空白

广州现在确定的爱国主义教育基地一共66处，虽然有反映抗战历史的教育基地，但是全面介绍这段历史的景点却没有；另外广州现仅存的几处抗战纪念文物保护遗址也逐渐湮没在不断变化的城市中。虽然广州沦陷在广州2231年历史里仅仅只有短短的7年，但是这7年是广州乃至全珠江三角洲地区最黑暗最屈辱的七

年，因此在南石头项目基础上建立一个全面立体介绍当年历史的爱国主义教育基地有重要的意义。

二、建立南石头大屠杀纪念馆，能够起到增强香港民众特别是青少年爱国意识的作用

自古粤港一家亲，南石头项目的遇难者也主要是香港难民，南石头纪念馆对香港的爱国教育有很大的辐射作用。近两年，香港 "占中事件" 后，港独势力蔓延，2016 年又发生新议员辱华 "宣誓事件"，在现在这个时间点建立南石头大屠杀纪念馆，能及时向香港同胞特别是香港新一代青少年进行爱国主义教育，增强港人的爱国意识和民族归属感，实现真正意义上的粤港一家亲。

三、建立南石头大屠杀纪念馆，加强爱国主义教育，对团结粤港群众甚至珠三角地区群众有长远的作用

珠江三角洲地处中国大陆板块南部，有许多优良的深水港码头，广州更是当年海上丝绸之路的起点和中国改革开放的南大门。当前，国际局势风云变幻，美国在韩国部署萨德导弹防御系统，日本右翼军国主义蠢蠢欲动，台湾亲美派当权，南海局势紧张，这一系列的问题说明在发展经济的同时，我们不能放松警惕，建立南石头大屠杀纪念馆，客观公正、全面真实地宣传这段历史，可以深入推进岭南地区的文化建设和爱国教育，团结广大群众，在精神领域守好中国的南大门。

● 七、全國政協「建議建立廣州南石頭侵華日軍細菌武器大屠殺紀念館的提案」（由龍子明擔任第一提案人，聯名提案人包括：鄧竟成、張學明等25位全國政協委員）

（2017 全國政協提案）

建議建立廣州南石頭侵華日軍細菌武器大屠殺紀念館的提案

內容：

一、南石頭難民營遺址是侵華日軍細菌武器大屠殺的見證

1938 年侵華日軍佔領廣州，在廣州南石頭建立了一支秘密的細菌戰部隊，即與東北 731 部隊同級的日軍波字 8604 部隊。1941 年，日軍攻陷香港，驅趕十萬以上的香港人乘船到廣州，關入南石頭難民營，成了日軍波字 8604 部隊製造細菌戰武器的試驗品，做慘無人道的活體試驗，逾十萬香港人全部遇難。這段駭人聽聞的驚天慘案近年陸續被揭發和披露，但其遺址並沒有被很好保存，除十年前建的一塊墓碑外，並無任何紀念建築。

南石頭難民營遺址深藏著十萬以上冤魂，是人間的冤獄，是侵華日軍大規模屠殺的見證地。歷史不會因時代變遷而改變，建立廣州南石頭侵華日軍細菌武器大屠殺紀念館，是要喚起每一個善良的人們對和平的嚮往和堅守，特別對香港市民尤其是年輕一代，尤其不能忽視南石頭大屠殺的悲慘歷史，從而喚起民族良知和國家認同，自覺抵制「港獨」思潮的侵蝕。

二、廣州南石頭侵華日軍細菌武器大屠殺是世界罕見的反人類事件

廣州南石頭侵華日軍細菌武器大屠殺是世界罕見的反人類事件，是世界罕見的反人類事件，其性質堪比歐洲的奧斯威辛毒氣營，其被害人數僅次於南京大屠殺，是中國抗日戰爭乃至二戰中罕見大慘案。這段歷史不可淡忘。南石頭遇難的十萬同胞，不少是廣州淪陷時逃到香港鄉的同胞，顛沛流離，卻難逃一死，這段歷史是最好的

愛國主義教育教材。粵港一家親，香港實踐「一國兩制」更需要這種活生生的教育。

三、建立廣州南石頭侵華日軍細菌武器大屠殺紀念館，有助香港青年正確認識歷史

2016 年 10 月 12 日，在香港立法會發生辱國辱族事件，遊蕙禎、梁頌恆宣誓時公然以「支那」及粗言侮辱國家、民族及全球華人，不僅泯滅良知，更是赤裸裸的叛國行為。「支那」是日本軍國主義者對中國的蔑稱。著名愛國作家郁達夫在《沉淪》中對「支那人」一詞帶給他的侮辱感作了深切的描述「日本人都叫中國人作『支那人』，這『支那人』三字，在日本，比我們罵人的『賤賊』還更難聽。」香港立法會辱國辱族事件警示，香港青少年普遍缺乏國家民族意識，不分是非曲直盲目媚日崇日、盲目區隔內地與香港，甚至認為香港人不是中國人，這些都與香港青年缺乏歷史知識有關。

忘記歷史的民族是沒有希望的民族，忽視歷史的社會是沒有前途的社會。歷史告訴我們，香港今天的繁榮不是必然的，香港有苦難的歷史，也有抗日的英勇壯舉，而這一歷史顯示，香港與國家的命運始終是一致的，是連在一起的。因此必須加強對本港青少年的中國歷史和國情教育，讓本港青少年認識中國歷史和近代以來中華民族救亡圖存、發奮圖強的歷程。建立廣州南石頭侵華日軍細菌武器大屠殺紀念館，有助香港青年正確認識歷史。

四、粵港聯手辦成一個兩地交流愛國主義教育的活動中心

建立廣州南石頭侵華日軍細菌武器大屠殺紀念館，不單要保存苦難史實，更要粵港聯手，辦成一個兩地交流愛國主義教育的活動中心，用生動活潑的形式吸引兩地青少年尤其香港青少年的參與，起到實質和深遠的作用。

五、建議中央政府和廣東省政府為建設南石頭粵港難民營遺址紀念館立項

由於以往對南石頭侵華日軍細菌武器大屠殺沒有得到應有重視，隨著時間的推移，南石頭周邊建築物林立，當年在歷史舊址建的那座紀念碑也不容易找到。日軍難民營遺址也基本上已蕩然無存，罪惡似乎再度被人們遺忘了。而證人和證據卻不斷地在這個世界上消失，許多罪惡可能會被永遠地埋在地下。因此及早啟動建立廣州南石頭侵華日軍細菌武器大屠殺紀念館專案是當務之急。

目前難民營遺址是屬廣州市國企越秀集團所有的大片空置廠房，正在規劃重建，要及早在重建規劃中考慮紀念館專案，及早進行遺址保護和史料收集工作。建議中央政府和廣東省政府為建設南石頭粵港難民營遺址紀念館立項，並且以粵港合作、政府和民間團體合作的方式，規劃紀念館的集資、建設、布展和有關活動的安排，把這個珍貴的歷史遺跡保護好，建成一個進行愛國主義教育的基地。

● 八、中共廣州市委宣傳部給香港抗戰歷史研究會會長吳軍捷
　　先生的覆函

中 共 广 州 市 委 宣 传 部

给香港抗战历史研究会会长吴军捷先生的复函

吴军捷先生:

　　您好！您对在海珠区南石头原址兴建南石头侵华日军粤港难民营纪念馆的建议收悉。首先感谢您对我们工作的关心与支持，您的来信表达了亟望广州能尽快建成南石头纪念馆的意愿。我部高度重视您的来件，结合办复全国政协提案工作，围绕建立南石头纪念馆的问题认真开展调研和论证工作，现将相关事宜回复如下：

　　一、我市已办理全国政协十二届五次会议提案第 3866 号《关于建立广州南石头侵华日军细菌武器大屠杀纪念馆的提案》（以下简称 "《提案》"）。近日，广州市委已将回复函（代拟稿）报省委办公厅，并提出以下办理意见：1. 充分挖掘收集侵华日军史料及保护利用遗址具对国民尤其是粤、港两地青少年进行爱国主义教育有重大意义。2. 加强考古挖掘及实证与史料的收集整理工作。省、市对 "细菌武器大屠杀" "逾十万香港人全部遇难" 等事实需进一步搜集确凿证据，省、市文物部门协调粤、港有关团体及高校，组成专门的 "南石头项目史料收集研究组"。同时，进一步加强文物考古调查、勘探和考古挖掘工作。待建馆条件成熟，将按程序向中央提出建馆建议。3. 将史迹的保护利用纳入片区规划。

加强南石头遗址保护、利用工作。政府部门将该史迹的保护利用纳入片区规划，体现区域的文化特性。4. 利用现在建筑物或文化遗存进行展览。"侵华日军华南防疫给水部遗址"等史迹是侵华日军暴行的重要证据，是我市抗战史迹的重要组成部分，可考虑合理规划利用现有的建筑物或文化遗存进行相关历史资料的展览。

二、国家文物局对侵华日军广州细菌部队大屠杀遗址保护开展工作部署。2017 年 7 月 26 日至 27 日，国家文物局督察司司长刘铭威司长一行来广州调研侵华日军广州细菌部队大屠杀遗址保护情况，针对报道中反映的问题提出三项建议：1. 对于粤港难民收容所及抗战时期日军广州细菌试验等相关史迹和历史的研究，以政府主导、社会参与的方式进行，文物部门发挥专业部门的优势，吸引各种关注相关历史的社会人士积极参与，加快推进深化相关研究。2. 广州市文物部门虽然对侵华日军华南防疫给水部遗址等保护做了大量工作，但该文物现保存状况确实存在一定问题。针对目前存在的问题，首先要保护好现存遗址，抓紧开展修缮保护工作。修缮工作完成后，争取将其打造为爱国主义教育基地。3. 对增城小楼镇秀水村现存的广州造纸厂出土遗骨，要从尊重逝者的角度，联合民政、卫生等部门予以妥善处理。

三、下一步，我部将协调相关单位开展工作，按中央和省、市要求办理。目前，围绕南石头遗址开展的化验、勘探工作已经启动，相关工作正在推进之中。

特复函复，并对贵会积极策划、筹备"南石头纪念馆"事宜谨致衷心的感谢！

中共广州市委宣传部
2017 年 8 月 8 日

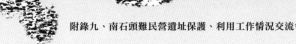

● 九、南石頭難民營遺址保護、利用工作情況交流會議紀要

中共广州市委宣传部

穗宣会纪（2017）45号

南石头难民营遗址保护、利用工作情况
交流会议纪要

为推进南石头遗址的研究、保护和利用工作，2017 年 9 月 1 日上午，市委宣传部和市政协学习和文史委员会在市委 5 号楼五楼会议室联合召开工作情况交流会，市委宣传部、市政协学文委、市文广新局文物考古处有关负责同志与广东省政府发展研究中心研究员王利文、香港抗战历史研究会会长吴军捷、华南理工大学教授谭元亨及市社科联研究员魏伟新等专家学者深入交流了南石头事项最新进展情况，各方为进一步做好南石头遗址研究、保护和利用工作深入交换了意见，达成了对下一步工作的共识。现纪要如下。

一、会议认为南石头难民营遗址保护、利用工作意义重

-1-

大。会议充分肯定了广州市有关部门在开展遗址研究、保护、利用上所做的努力，充分肯定粤、港的专家学者们锲而不舍推动遗址保护工作所做的努力。会议一致认为，"南石头难民营遗址"是日军侵华罪行的重要罪证，是对国人特别是对粤、港两地青少年进行爱国主义宣传教育的重要题材，是充实广州乃至华南地区爱国主义教育基地建设的重要项目。充分挖掘史料及做好遗址保护利用，让后人铭记那段屈辱的历史，以此教育后人特别是青少年勿忘国耻、居安思危、珍爱和平，意义重大。

二、会议交流了南石头难民营遗址最新进展情况，并交换了意见和建议。市委宣传部常务副部长、市文明办主任冯建标通报了市委宣传部办理全国政协提案第3866号的工作情况及下一步推动遗址保护、利用工作拟采取的主要措施。市政协学文委主任冯元就下一步市政协学文委为推动遗址保护、利用工作提出了相关具体建议。市文广新局文物考古处处长郑小炉通报了市文广新局在启动考古勘探，推动遗址修缮及筹备南石头文物保护课题计划等方面的工作进展情况。王利文、吴军捷、谭元亨及魏伟新等专家学者提出建议，希望成立南石头难民营遗址研究专家小组，并开展相关展览的筹备工作，加大爱国主义教育力度，推动相关史迹的保护和利用。

三、会议达成了对下一步工作的共识。一是形成市政协

提案。市政协学习和文史委员会将组织撰写南石头难民营遗址的提案，并争取列为 2018 年度市政协提案。二是加强遗址保护。市、区文物部门协调市公安局水上分局履行文物保护职责。涉及到遗址的地块，由其所有人、使用人负责保护。南石头难民营遗址保护、利用工作以改善民生为出发点，把当地片区改造同史迹保护和周边工业遗产保护相结合，体现整个区域的的文化特性。海珠区委宣传部门利用现存的遗址开展爱国主义教育工作，并按程序申报爱国主义教育基地。三是深化遗址史料挖掘和研究。由市文物部门牵头开展考古勘探。市委宣传部、市文广新局加强指导，由海珠区负责成立专家小组，邀请粤、港高校和专家学者参加，开展专题研究，推动粤港学术合作。市委宣传部可视情提供经费支持。

四是推进遗址利用工作。通过召开专题研讨会及民间专题展览等形式，扩大南石头难民营遗址的社会影响，为推动遗址研究、挖掘、保护利用工作营造良好的舆论氛围。

出席：冯建标、李文驹、刘鉴、卢樱（市委宣传部），冯元、郑雪梅、高旭红（市政协学文委），郑小炉（市文广新局），王利文（广东省政府发展研究中心），吴军捷（香港抗战历史研究会），谭元亨（华南理工大学）、魏伟新（市社科联）

　　记录：卢樱

● **十、海珠區文廣新局關於南石頭抗戰遺址的工作情況匯報**

海珠文广新局关于南石头抗战遗址的工作情况汇报

9 月 28 日下午，接报称南石头摩托车厂有破拆行为。我局立即致电所属街道了解情况，并组织相关人员于 9 月 29 日上午前往现场调查。现将相关情况汇报如下：

一、文物基本情况

1.侵华日军华南防疫给水部遗址位于南石头街道棣园社区南石西路兴隆大街 44 号。该建筑为民国时期所建，日寇侵华期间、为伪政府占用，称粤海港检疫所，名义上是处理广州市内河船运的报关和检疫。据称其为 1938 年侵华日军细菌战部队波字 8604 部队在广州组建(目前尚无可靠文献证明)，对外称"华南防疫给水部"，是日军侵华战争的实物史证。该遗址是对国人特别是粤、港青少年进行爱国主义宣传教育的重要题材。加强遗址的保护与活化利用，进一步挖掘历史价值对提升海珠区文化建设有重要意义。

2、根据一些学者的研究，在侵华日军华南防疫给水部遗址周边尚存几处当年被侵华日军使用过的民国时期建筑(见附件)。目前正在对该几处建筑进行基础资料的采集以及历史内涵的挖掘，待资料充分后开展文物认定工作。

二、南石头摩托车厂破拆的相关情况

1、经现场施工负责人介绍，现破拆行为是荔湾建筑公司受厂方委托对地面旧厂房进行拆除。拆除范围内未包括现有文物建筑及目前正在进行测绘的民国时期建筑。据了解，地块内的相关遗迹此前由市考古组织进行现场物查。

2.由于地下考古挖据需具备相应的考古资质，且必须取得市级以上文物行政部门批准。我局已向市文广新局汇报有关情况，并提请市考古院及时介入施工现场进行考古发掘;

3、据了解，其破拆行为已向街道城管部门报批。我们向区规划局了解到并未收到相关报建材料，目前土地性质为商业用地。

三、文物保护及研究工作进展

1、2017 年我区划拨文物保护专项资金 10 万元编制了侵华日军华南防疫给水部遗址修缮设计方案，并已将通过专家会评审的修缮设计方案及施工图提交管理使用单位广州市公安局水上分局。同时协助管理使用单位申请了 2019 年广州市文物保护专项资金 268.01 万元，用于文物本体的修缮。目前工程已开始招投标工作，我局将加强与广州市公安分局水上分局沟通联系，督促其依法行使管理责任，实施修缮工程。

2、为了进一步加强该遗址的保护与活化利用工作，我区文广新局已编制完成《广州市文物保护单位申报登记表(侵华日军华南防疫给水部遗址)》向广州市文广新局进行申请将侵华日军华南防疫给水部遗址公布为广州市文物保护单位。

3.联系海珠区档案馆、南石头街道办等相关单位，收集侵华日军在粤侵占期间的相关活动(如细菌战，毒气战)，南石头难民收容所，广州波字第8604部队等档案资料。同时寻找"南石头惨案"知情者，收集与南石头粤港难民，南石头难民收容所有关的资料。

4、配合广州市文物考古研究院对南石头抗战遗存进行了考古调查、勘探工作。目前市考古院对该遗址周边六处侵华日军曾使用的民国时期建筑进行了测绘工作，是否认定其为文物还需进一步论证。另外，市考古院对增城存放的广州造纸厂基建时发现的骨骸进行了鉴定，结果尚未进行公布。

附件:海珠区南石头现存与难民营遗址相关建筑史迹基本情况列表

海珠区文化广电新闻出版局

2018 年 9 月 30 日

● 十一、侵華日軍細菌戰罪行又一重大發現：將香港難民當實
驗品的日偽「省立傳染病院」的調研報告

譚元亨

今年 6 月 9 日，我們應湖南文理學院日軍華南細菌戰研究中心的約請，到達該學院所在地常德。眾所周知，抗戰中著名的常德戰役中，日軍喪心病狂使用了細菌武器，這才在久攻不克的狀況下，最終「獲勝」。而該研究中心，是依託國家社科基金特別委託重大項目「中國南方地區侵華日軍細菌戰研究」(14@ZH025) 建立起來的。廣州日軍「波」字 8604 部隊的細菌戰罪行，也在他們的關注下，並在該學院學報上，發表過我們多篇相關的研究論文。在上級黨政部門支持下，他們不僅派人到過日本，並且從日方購回不少相關的歷史文獻、研究論文，尤其是當年的「研究成果」。10 日，我方王利文、譚元亨、吳軍捷與該中心主任陳致遠教授等座談，他們提供了相關歷史資料讓我們查找。

7 月 1 日，譚元亨再次應陳致遠教授邀請於 7 月 2 日到該學院與同時到達的日本反戰人士和田千代子等人交流。7 月 3 日，更查找出多篇與廣東、海南相關的日軍作為「研究成果」的一批論文。其中有日陸軍大尉丘村弘造（原「波」字 8404 部隊成員）的論文《廣東華人霍亂患者之調查研究》，有 60 頁；由中佐渡邊建和栗田吉榮所撰的《急性霍亂死亡及戰地霍亂症狀》，以及曾在《大東亞戰爭陸軍衛生史》上專章寫有粵港細菌戰的江口豐潔的關於東莞虎門竹溪鄉防疫報告手稿複印件以及

多篇論文……累計近百萬言，近十篇文獻資料。

其中，丘村弘造的論文，直接寫到了一批批香港難民被送入其「省立傳染病院」進行實驗，並獲得上 10 項「研究成果」。而論文涉及的時間段，為昭和十七年 1 月至 12 月，即 1942 年，正是日軍侵佔香港並大規模遣送香港難民至廣州的第一年。史載，日軍為了減少糧食諸方面帶來的壓力，準備把 170 萬香港居民壓縮到六十萬。第一年頭幾個月，已令香港減員了 46 萬多人。據報載，其中 70% 送到番禺市橋，到市橋後繼續溯水到南石頭的，又有 70%，數量驚人。

由於時間、遣送對象都十分明確，尤其是所描繪的香港難民的情狀：處於飢餓狀態，營養不良，乃到上嘔下瀉等等，與我們事先已查明的被攔截在南石頭並被分流至難民所與檢疫所的香港難民的情狀是完全一致的，其中已被送入難民所的成千上萬人則「人間蒸發」了。

只是我們不曾，也一度未能深入查下去的是，被所謂驗出有問題的香港難民，在送到檢疫所隔離之後，又再到了甚麼地方？是死是活，當作了實驗對象，還是「放還」回難民所？

當然，丘村弘造的論文稱，是香港難民來一次，就把霍亂帶進廣東（州）一次——其實，由於香港難民達到數十萬之多，對廣州日偽當局構成巨大的威脅，廣州日偽政府才要嚴防死守，不讓香港難民進入廣州，全部予以攔截；已進入廣州，也得早、晚報告兩次，均得送去「招待所」（難民所）。但論文卻也明確地交代，有至少 1939 名香港難民是在 1942 年 12 月送入了其文中所稱的日偽的「省立傳染病院」。

為此，我們開始了多方面的尋找。

一、查找相關文獻與史料

那麼，這個「省立傳染病院」又在甚麼地方？

論文中稱，這個傳染病院是在廣州市的河南——河南是老百姓的習慣稱呼，即海珠區。而海珠區面積很多，如今各種醫院也很多，如市二醫院、省二醫院，過去還有陸軍醫院等。但是，日偽時期，這些醫院均未被當作「傳染病院」，更沒冠以這個院名。

我們查找了《廣東省衞生誌·廣州市衞生誌》，關於日偽時期的醫院記載，均沒有這個「省立傳染病院」。而日偽時期的史料及文獻，坦率說，相應不全。在省檔案館，我們查到於 1929 年，當時的政府在黃埔、南石頭建了各一棟一模一樣的海關檢疫小洋樓。開始，我們認為是曾被用來當水上派出所的那棟兩層樓，可是，上次原文化部副部長、文物局局長勵小捷來視察這棟樓時，在門廊頂部，看到清晰的「株式會社」等印跡，那是日本水泥袋的標記。顯然，至少這門廊，已是日軍 1938 年 10 月攻陷廣州之後所外加的。

日本老兵丸山茂 1995 年 11 月來南石頭指證當年細菌戰遺址時，對這棟樓及難民所所長樓以及尚遺留地下部分的「化骨池」，都予以了認定。可他當年在南石頭參與相關罪行時，是在江邊搭的臨時建築中住的，連吃飯，也是單獨支鍋煮的——為避免受到投下的細菌傳染。

曾給《羊城晚報》寫信，署名「梁生」，後經當年與他一同種菜的 93 歲老人鍾大眼證實，其姓名為梁明，他在信中提到：

由水路入廣州的難民船全部停泊在南石頭海港檢疫所江

面，約有十;八百船難民。日軍苟槍實彈，上刺刀，一批批把難民押上，上檢疫所的空地，不論男女老少都要脫褲，光着屁股朝天，有七八個穿白大褂的人，手中拿着一個東西探入每個人的肛門之內⋯⋯押上押下有數天之多⋯⋯

經檢疫、難民大部分押去稍南邊的南石頭難民所，少部分則押進了檢疫所的隔離室——這就是門廊頂上可看到日文的兩層樓房。

梁明信中提到，檢疫所這裏，有「下所」與「上所」之分，下所無疑是這江邊的隔離室，那麼「上所」呢？

但是，丸山茂來不曾指證出「上所」來。

二、所謂「日本醫院」與日偽「省立傳染病院」關係考證

直到近年，再度進行深入調查。我們在「下所」後邊的山頭上，找到了一棟更大的兩層樓房，但路況已有改變，「下所」北邊修了一條上坡的大路，而當地居民說，這在過去是沒有的。沿上坡大路走過去，大約一百多二百米，便是這棟樓，從當年難民留下的手繪圖可確定是「上所」無疑。

在上所二樓的牆面上，至今仍可以看得出一個褪色的紅十字，住在這裏的居民稱，這棟樓一直被叫作了「日軍醫院」，當年有不少穿大褂的日本軍醫進去，附近還有類似廚房的兩棟平房。不遠處，本來有一個焚化爐，現已推平。

但僅這棟樓房及平房，其規模顯然不足成為「傳染病院」，過去則一直被視為海港檢疫所的一部分，或為日本軍醫的住所。

而從丘村宏造的 60 頁論文上看，被送進傳染病院的香港難

民，僅記錄下的就有近 2,000 人，有的在病院中生存時間達一兩個月。因此，如此小的容量，不可能陸續送來這麼多人住下。而且，有紅十字的樓房，不可能是作為病房使用。可以認定「日軍醫院」也有染病的日本兵就近焚化——倖存者指證的焚化爐就在這裏不遠。據史載，日方依其傳統方式，士兵染病後死亡的，均採取這一方式處理。

但傳染病院的線索，分明就在江邊碼頭把難民分流之處不遠的地方。但如果找不到舊址——無論存在還是已消失，均無法證明這也是傳染病院的一部分。

三、第一次對可疑地段的探測

直到 11 月 8 日，幾乎是從常德回廣州之後的五個月，王利文、譚元亨、吳軍捷再次回到了南石頭街道，在燕崗地鐵站的樓上，參觀其街道所做簡單的南石頭歷史展覽。有朋友帶來了南石頭西街一位退休老教師吳建華，譚元亨與之相談甚洽，於是提出了這個「省立傳染病院」的位置問題。

吳建華老師告訴我們，南石頭村往北，過日本橋（碼頭），當年是紙廠做過療養院的地方，之前則是日軍的病房，有兩排房子。

譚元亨隨同吳老師，即時上車去，同行還有金白等人，只是天色已晚。

來到有紅十字樓坡下的一條馬路，下坡，可見有過去的水橋，而後，是一棟有九層樓的居民房擋在前邊，我們在兩排平房中間的空隙站了下來。從形狀上看，是一間間的單間，總共

是兩排五棟，由於天色已晚，燈光人弱，方位的辨認沒弄清楚。

之後，吳建華稱，他母親鍾大眼 92 歲了，還較健康，早些日子摔了一跤，得坐輪椅了，我們一道上了南石西二街他家。

老人耳垂長得令人詫異，聲音也很有中氣，追述往事，說到日本人專門「征招」健康的年輕人去「餵蚊子」，去一次給一斤米。還說到，蕭錚的祖父與另兩位村民因進難民所拿了甚麼，被抓，他們沒牽連別人，在棣園村的「日本山」被殺死。那裏有戰壕，也燒人、埋人等等。

吳建華講到，幾十年了，南石西的村民，嚇唬孩子還是那句話：「抓你去餵蚊子！」

可在哪餵蚊子？老人說，當時誰也不敢亂走，尤其是晚上更不敢出門，日本鬼子抓走了，就沒好果子吃。

已是夜深，譚元亨等人只好告辭了。

過了幾天，譚元亨把當時大致印象畫了個圖，用微信發給吳建華，由於方位有誤，吳建華重新繪過一個圖，這是 11 月 12 日了。

原來，那座九層的居民樓，正好擋住了視線，居民樓後邊便是珠江，左側則是「日本橋」——伸向江中的碼頭。

四、再度上現場的辨認

為了進一步查實那二排五棟平房的來龍去脈，譚元亨準備再走一趟。

11 月 17 日，來自香港中文大學的美術教師李維忠，與市裏美院的幾位老師，上午則由譚元亨帶着，上了南石頭，再經過

紅十字「日軍醫院」，在吳建華的指引下，找到了那兩排四棟平房。

五棟平房中最小一間，正好住着當年吳建華老師的學生家。尋訪過去，該學生家長，已是古稀老人了，把幾棟平房介紹了一下。原來，他們都是老自行車廠的職工，他們住的，應是用來放雜物、沖涼並廁所的，處於五棟平房的最尾端。

這次看得很清楚了，二排房子，就夾在臨江的九層居民樓和自行車廠建的鴛鴦樓當中，鴛鴦樓是用來給年輕職工結婚住的。而九層樓很明顯是近年建築，鴛鴦樓的外層剝落，出現的是紅磚，這也是解放後才有的。當中這兩排房子，則是水泥構件，排水管形狀、木簷等，則是當年日本人留下的。

這兩排房子，是紙廠置換給自行車廠當職工宿舍的。當時，這個範圍為紙廠的療養院的居所，而自行車廠廠址，就是在難民所原址上，也就是在原懲教所、鎮南炮台上。之後，則升級為五羊本田摩托車廠。2018 年9 月，該廠被最後破拆、推平，在全國引起很大反響，尤其在《中國新聞週刊》（2018 年）上發表了記者宋春麗的文章，不少香港人先後去難民所遺址所在地燒錢

兩棟病房的南北過道。

紙憑弔。

譚元亨以為，經過這次實地考察，日偽的「廣東省立傳染病院」原址終於得到查證，這兩排平房，是該院的病房區，有兩棟病房各為 7—10 間，另外短一點的也有 3—4 間。

五、尋找原紙廠療養院的圖紙

但這還不夠，應當找到紙廠 50 年代初療養院的地圖。

而已找到的 1955 年當時的航拍圖，那一塊地方已很模糊，放大也看不清晰。

譚元亨所在的華南理工大學，其造紙專業是很出名的，廣州造紙廠的高管、高工均出自於這所學校，幾年前，也曾由華工建築學院為其做過規劃，很快，這個規劃便找到。

可惜，即便是 1970 年代（年份從缺）及之後的航拍圖，辨別率都不高，所要找的位置依舊模糊不甭，難以確認自 1955 年至今地面建築的變化。

於是，華工方面再度與紙廠聯繫，紙廠推薦剛退休不久的郭建平（工會幹部）協助。譚元亨一見名字，便知他是 1995 年即以紙廠幹部身份協助過南石頭的調研。當時，應是 30 多歲，後來，也接待過譚元亨帶的研究生吳雁、鄧迪等人。經過一些曲折，這次終於又與郭建平接上了頭。

但是，據他所查找的廠志，上面的記錄卻很簡單，說解放後不久，紙廠從職工福利出發，在臨江處建設了一所職工療養院。並未提到，那裏曾是日軍醫院，當然不可能提到省立傳染病院。郭建平手上還有職工在療養院門口留影的照片，但大門

可能只是後來新建的。

六、第三次重返現場與最後的確認

為解除這一困惑，12 月 8 日，譚元亨約請郭建平，帶上了6 位學生，他們是陳雨楨、唐茹粵、楊曉鑫、凌小婕、何璐言、戴睿敏，還有香港中文大學的李繼忠再去南石頭。這次，吳建華還約請了一批倖存者的後人，如吳偉泰的兒子、女兒等，在江邊座談後，再一次到了實地考察。

郭建平、吳建華都認為，九層樓房下方原臨水的吊腳樓病房，已拆毀，江水已退出十多米了。而夾在鴛鴦樓之間的兩排病房，即當今自行車廠職工的舊住房，則是原日軍醫院的病房，困惑終於不存在了。

這樣，日偽「省立傳染病院」的方位可以確定，以「上所」即「日軍醫院」為中心附近四個建築，僅焚化爐不存在外，另三個尚在。下坡往北約 200 米左右，向江邊方向左拐，夾在九層樓房與鴛鴦樓中間的二排近二十病房加雜屋的平房，則是當今仍舊遺存下來的「傳染病院」病房，而這二排之外的其他當年建築，則已經不存在了。

經數月的查找、考證，丘村宏造的「省立傳染病院」終於浮出了水面。它離南石頭難民所的距離，有近一里地，往北，經檢疫所、「日本橋（碼頭）」的臨江地帶，迄今遺留當可認定為文物建築物的，有六棟之多。

| 右下角可見當年吊腳樓支柱留下來的鐵片封住的殘記。

七、最終的定位與測繪

12 月 21 日，譚元亨與廣州大學陳豔莉三位師生，對此做了測繪，同時，又發現原臨江的地方，每相距 2.6 米，就有一個當年吊腳樓支柱留下來的鐵片封住的殘記。

這個方位，有力地證明香港難民在南石頭碼頭上岸後被「分流」，懷疑患病者送去的地方，便是這個「傳染病院」。

僅依報告記錄的，其進行的「實驗」，有達上十項內容，血液、胃液、尿液、糞便，都有多項統計，光胃液檢驗的成果就達 13 項，還有眼、耳、喉部的檢測。當然，年齡、性別、氣溫不同時的死亡率，症狀、併發症、飢餓狀態等等，尤其是死亡過程，都有記錄和研究。

無疑，不是處於戰爭狀況，如此大規模的實驗是無法做到的，這也是後來美國以廉價獲取日軍生化武器實驗醫學成果的

原因，也是佐藤俊二——8604 部隊長被提早釋放，被美軍帶走，再回到日本辦了個旅館，得以頤養天年而沒被清算的原因。

八、新的線索與任務

丘村弘造的報告，僅僅是 1942 年一年的實驗成果，之後，1943、1944 年呢？報告中稱，是香港難民把霍亂帶到廣東的，但現在大家都已經知道，根據丸山茂揭發，是「波」字 8604 部隊長佐藤俊二下令從東京陸軍醫院帶來高效率的霍亂菌，投入到難民所的食物中，才造成難民大規模死亡的。這個離難民所不到一里遠的「省立傳染病院」，只是其中做實驗的地方。在佐藤俊二離開 8604，到了南京「榮」字 1644 部隊任部隊長後，更建了個「血清工廠」，直接從活着的中國人身上抽取，解放後，才在當地挖掘出無數斷頭、截肢的無名屍體。

在這裏，我們還需要指出的是，在丘村弘造的報告中，出現了約 200 位有名有姓的香港難民，如果當下香港政府能在當年調查「失蹤人口」之後，繼續進行下去，無疑會提供更多的證據，而日後有可能刻在南石頭死難者名單上。

讓我們更進一步深入調查，為死難於細菌戰的香港難民伸冤！

● 十二、廣州紅色史跡— 中共南石頭特別支部鬥爭遺址

中共廣州市委黨史文獻研究室 編

中共南石頭特別支部鬥爭遺址——南石頭監獄，位於現在廣州市海珠區南石頭街洪德西路尾，靠近珠江白鵝潭。

1927 年 4 月，蔣介石在上海發動「四一二」反革命政變後，廣東反動派亦於「四一五」叛變革命，進行反革命大屠殺。從這時起，這裏就成為國民黨反動派關押、審訊、殺害共產黨人、革命志士，以及革命群眾的監獄、刑場。首批被送進這裏的就有黃埔軍校第六期師生（七百多人）、中山大學革命師生、省港大罷工的領導與骨幹。不到三天，這僅能容納一千多人的監獄裏關押了數千人。

共產黨人熊雄提出「組織起來，團結群眾，巧妙鬥爭，迎接光明」的口號，點燃了獄中鬥爭之火。1927 年 5 月初，熊雄曾囚禁於南石頭，一到此地，他就利用放風的機會，爭分奪秒地同被囚禁的黃埔軍校學生交談，指出：「此次事件，不是一時的風波，而是中國革命關頭的轉捩點。大家要做好長期打算，組織起來，實現『監獄是革命者的學校』。」5 月 17 日，熊雄被殺。

為了進行獄中鬥爭，被捕入獄的一百多名共產黨員，推舉了八人組成領導小組，該小組直屬中共廣州市委。後因小組負責人中有過半被殺害，需要重組領導機構，且中共廣州組織打進國民黨公安局內部的劉乃義亦有此建議，故中共南石頭監獄

領導小組改組為中共南石頭特別支部（簡稱「特支」）。「特支」內設書記、宣傳、組織、工幹、軍幹以及候補特支委員二人，共七人。「特支」原計劃直屬中共廣州市委領導，後因劉乃義離開公安局和廣州市委成員的變更而未能實現。1928 年冬，「特支」書記潘雲波出獄後，在香港找到了中共廣東省委，故「特支」改屬省委領導。歷任黨支部書記有：潘先甲（獄中化名）、劉光、謝四（獄中化名，實際是阮嘯仙之弟）、江坤、郭枝等。「特支」成立後，南石頭獄中黨支部針對獄中各種酷刑和非人待遇，領導獄友開展絕食等鬥爭，並組織了學習和互幫互救。經過鬥爭及各方營救，有些人得到釋放。其中，宋時輪 1929 年獲釋，後加入工農紅軍。1932 年 9 月，奉上級組織命令，「特支」停止活動。

從第一次大革命失敗至抗日戰爭爆發的十多年間，有許多我黨早期領導人、優秀共產黨黨員和革命志士在這裏被反動派殺害，其中包括蕭楚女、熊雄、鄧培、劉爾崧、李森、何耀全、畢磊、熊銳、陳複、沈春雨、鄒師貞、譚毅夫、彭粵生、黃錦濤、周其柏、敖昌騤等共產黨黨員。

南石頭監獄原址是清朝時期的鎮南炮臺，後為「國民黨廣東省公安局南石頭懲戒場」，其後又改稱為「懲教場」。抗日戰爭時期這裏成為侵華日軍「波字 8604 部隊」細菌武器試驗場，對外稱「華南防疫給水部」，有數千名無辜粵港難民成為細菌武器的試驗品。中華人民共和國成立後這裏改建成廣州第一自行車廠,1996 年該廠改制後為廣州摩托集團公司五羊摩托分公司。2002 年 9 月，該遺址被公佈為廣州市文物保護單位。

參考書目

書籍

【蘇】《前日本陸軍軍人因準備和使用細菌武器被控案審判材料》（中文本），莫斯科：外國文書籍出版局，1950 年。

沙東迅：《日軍在廣東進行細菌戰情況的調查報告》，廣州：廣東省社會科學院歷史所，1994 年 10 月。

沙東迅：《侵華日軍在粵細菌戰和毒氣戰揭秘》，廣州：廣東高等教育出版社，2015 年。在此版本出版前，過去已有兩次出版：原版為《揭開「8604」之謎 —— 侵華日軍在粵秘密進行細菌戰大曝光》，廣州：花城出版社，1995 年；補充新版，同名，北京：中國文史出版社，2005 年。

和仁廉夫：《歲月無聲 —— 一個日本人追尋香港日佔史迹》，香港：花千樹出版有限公司，2013 年。

郭成周、廖應昌：《侵華日軍細菌戰紀實：歷史上被隱瞞的篇章》，北京：北京燕山出版社，1997 年。

陳致遠：《日本侵華細菌戰》，北京：中國社會科學出版社，2014 年。

劉志鵬、丁新豹：《日軍在港戰爭罪行：戰犯審判記錄及其研究》（上冊），香港：中華書局，2015 年。

劉智鵬、周家建：《吞聲忍語：日治時期香港人的集體回憶》，香港：中華書局，2009 年。

譚元亨：《粵港 1942：南石頭大屠殺》，北京：西苑出版社，2015 年。

譚元亨編著：《罪行圖錄 —— 侵華日軍波字 8604 粵港細菌戰》，香港：香港知青出版社，2021。

薩空了：《香港淪陷日記》，香港：三聯書店，2015 年。

曹衛平：《侵華日軍 —— 廣州 8604 細菌部隊研究》，北京：中國社會科學出版社，2018 年。

香港抗戰歷史研究會：《香港人不應忘記：南石頭難民營》，香港：香港抗戰歷史研究會，2017 年。

香港抗戰歷史研究會：《廣州人更不應忘記　鐵證如山：南石頭大屠殺圖冊》，廣州：粵港南石頭慘案調研組，2017 年。

佟振宇：《日軍侵華與細菌戰罪行錄》，哈爾濱：哈爾濱出版社，1998 年。

中央檔案館編著：《細菌戰與毒氣戰》，北京：中華書局，1989 年。

楊玉林、辛培林：《細菌戰》，哈爾濱：黑龍江人民出版社，2002 年。

謝爾頓‧H‧哈里斯著，王選等譯：《死亡工廠 —— 美國掩蓋的日本細菌戰犯罪》，上海：上海人民出版社，2000 年。

日本陸上自衛隊衛生學校編：《大東亞戰爭陸軍衛生史》卷七，東京：陸上自衛隊衛生學校，1969 年。

期刊論文

伊香俊哉：〈舊日本軍細菌部隊關係圖〉，《戰爭責任研究》（季刊），總第二號（1993 年）。

沙東迅：〈侵華日軍也曾在粵進行化學戰〉，《抗日戰爭研究》，第四期（1998 年）。

沙東迅：〈侵華日軍在粵進行細菌戰之概況〉，《抗日戰爭研究》，第二期（1996 年）。

郭成周等：〈侵華日軍的細菌戰〉，《軍事史林》，總第二號（1993 年）。

報章

沙東迅：〈再訪粵港難民屍骨地〉，《陽江日報》，2004 年 10 月 14 日。

沙東迅：〈日軍在廣東進行細菌戰情況的調查報告〉，香港《聯合報》，1994 年 12 月 7 日至 13 日。

井上睦雄口述，糟川良谷記錄及補記，沙東迅、陳艷玲譯，揆耀珠校：〈原「波」字第 8604 部隊成員井上睦雄的證言〉，香港《聯合報》，1995 年 10 月 5 日至 7 日。

日本共同社：〈關於日軍在廣東進行細菌戰〉，《青年參考》，1994 年 1 月 11 日。

沙東迅：〈細菌部隊罪證鑿鑿，馬屎忽山白骨累累〉，《羊城晚報》，1997 年 5 月 19 日。

沙東迅：〈尋找粵港難民屍骨記〉，《陽江日報》，1997 年 5 月 25 日。

蕭宇、林熊：〈採訪鍾瑞榮的談話〉，《東方日報》，1994 年 11 月 26 日。

于彥北：〈日軍細菌戰殘害數千港難民〉，《文匯報》，1997 年 12 月 11 日。

檔案

（偽）廣東省衛生處：《廣州市流行時疫症狀及預防法》，1942 年 8 月。

（偽）廣東省衛生處：1942 年 10 月公函，存廣州市檔案館，卷號：敵偽三十三宗一至九四一卷。

《粵海關海港檢疫所職員表》（中、日、英文），存南京中國第二歷史檔案館，卷號：敵偽六七九至一三三八。

本田幸一著，沙東迅、易雪顏譯：《華南派遣軍「波」字第 8604 部隊戰友名簿》（日文），1985 年印，未刊稿。

廣州市政廳編：〈懲戒場沿革及進行解說〉，《廣州市政改要》，1922 年。

譚元亨：〈侵華日軍細菌戰罪行又一重大發現：將香港難民當實驗品的日偽「省立傳染病院」的調研報告〉。

糟川良谷著，沙東迅、王海燕譯：《日軍在廣東的細菌戰》，1995 年，未刊稿。

網頁

1. 陸錦榮：〈埋在歷史下的南石頭慘案〉，《明報》，2017 年 7 月 9 日，擷取自：https://news.mingpao.com/pns/%E5%89%AF%E5%88%8A/article/20170709/s00005/1499537242755/%E6%99%82%E4%BB%A4%E8%AE%80%E7%89%A9-%E5%9F%8B%E5%9C%A8%E6%AD%B7%E5%8F%B2%E4%B8%8B%E7%9A%84%E5%8D%97%E7%9F%B3%E9%A0%AD%E6%85%98%E6%A1%88（瀏覽日期：2020 年 12 月 27 日）。

2. 〈南石頭細菌實驗真有其事？〉，《明報》，2020 年 3 月 15 日，擷取自：https://news.mingpao.com/pns/%E5%89%AF%E5%88%8A/article/20200315/s00005/1584210856860/%E5%8D%97%E7%9F%B3%E9%A0%AD%E7%B4%B0%E8%8F%8C%E5%AF%A6%E9%A9%97%E7%9C%9F%E6%9C%89%E5%85%B6%E4%BA%8B（瀏覽日期：2020 年 12 月 27 日）。

3. 許曉暉：〈隱沒的南石頭〉，《信報》，2018 年 5 月 25 日，擷取自：https://www1.hkej.com/dailynews/culture/article/1850107/%E9%9A%B1%E6%B2%92%E7%9A%84%E5%8D%97%E7%9F%B3%E9%A0%AD（瀏覽日期：2020 年 12 月 27 日）。

4. 〈日佔時百萬人「送中」「通向深海的狹道」之探究〉，《明報》，2020 年 3 月 15 日，擷取自：https://ol.mingpao.com/ldy/cultureleisure/culture/20200315/1584211511521/ways-of-seeing-%E6%97%A5%E4%BD%94%E6%99%82%E7%99%BE%E8%90%AC%E4%BA%BA%E3%80%8C%E9%80%81%E4%B8%AD%E3%80%8D-%E3%80%8C%E9%80%9A%E5%90%91%E6%B7%B1%E6%B5%B7%E7%9A%84%E7%8B%B9%E9%81%93%E3%80%8D%E4%B9%8B%E6%8E%A2%E7%A9%B6（瀏覽日期：2020 年 12 月 27 日）。

孤魂何處來：
南石頭難民營研究及資料

吳軍捷　編著

責任編輯｜黃懷訢　　裝幀設計｜霍明志
排　　版｜陳先英　　印　　務｜劉漢舉

出版
中華書局（香港）有限公司
香港北角英皇道 499 號北角工業大廈一樓 B
電話：（852）2137 2338　傳真：（852）2713 8202
電子郵件：info@chunghwabook.com.hk
網址：http://www.chunghwabook.com.hk

發行
香港聯合書刊物流有限公司
香港新界大埔汀麗路 36 號中華商務印刷大廈 3 字樓
電話：（852）2150 2100　傳真：（852）2407 3062
電子郵件：info@suplogistics.com.hk

版次
2021 年 7 月初版
©2021 中華書局（香港）有限公司

規格
16 開（230mm×153mm）

ISBN
978-988-8759-53-8